U0919445

公司创立后，你应这样抓管理

GONGSI CHUANGLIHOU NIYING ZHEYANG ZHUAGUANLI

张月利◎著

中国财富出版社

图书在版编目(CIP)数据

公司创立后，你应这样抓管理 / 张月利 著.—北京：中国财富出版社，2018.7

ISBN 978-7-5047-6707-3

Ⅰ.①公… Ⅱ.①张… Ⅲ.①公司—企业管理 Ⅳ.①F276.6

中国版本图书馆 CIP 数据核字(2018)第 132298 号

策划编辑 郑晓雯　**责任编辑** 张冬梅 郑晓雯

责任印制 尚立业　**责任校对** 孙会香 张营营　**责任发行** 董 倩

出版发行 中国财富出版社

社　　址 北京市丰台区南四环西路 188 号 5 区 20 楼　邮政编码　100070

电　　话 010-52227588 转 2048/2028（发行部） 010-52227588 转 321（总编室）

010-68589540（读者服务部） 010-52227588 转 305（质检部）

网　　址 http://www.cfpress.com.cn

经　　销 新华书店

印　　刷 北京柯蓝博泰印务有限公司

书　　号 ISBN 978-7-5047-6707-3/F·2900

开　　本 710mm×1000mm　1/16　**版　　次** 2019 年 3 月第 1 版

印　　张 15　**印　　次** 2019 年 3 月第 1 次印刷

字　　数 246 千字　**定　　价** 39.80 元

序言
优秀公司是管理出来的

一份研究资料表明：世界上最高寿的公司已700多岁了，然而中国企业的平均寿命才只有3.5岁；排名世界500强的企业从诞生到衰亡，平均寿命为40~50岁。另一份统计数据显示：中国有近3700万家经济实体，但有不同程度管理病症的经济实体却高达80%，约3000万家。

许多创业者、领导人在经营过程中，只重业务而轻管理，结果公司刚站起来又很快倒下去，被市场迅速淘汰掉。对管理者来说，你的哪些不良习惯阻碍了公司的进步？在用人上存在哪些致命缺陷？为什么你忙得昏天黑地，公司业绩却持续下滑？为什么你煞费苦心，却无法打开市场大门？这些问题都值得深思。

老板难当，投资办企业、开公司的学问说不完，研究起来也没有尽头。但是，在我们身边，总有一些人把公司经营得风生水起，把生意做得红红火火。他们从无到有，一步步发展壮大，靠的是坚持学习、勤于思考、勇敢行动，从而摸索出了一套玩转商场的管理绝学。

联想创始人柳传志是中国企业界的教父级人物，对公司经营与管理有深刻的洞见。他曾经说过这样一句话：“当企业小的时候，一定要身先士卒；但是当公司上了一定规模以后，一定要退下来。要做大事，非得退下来，用人去做。”

阿里巴巴集团主要创始人马云，既不懂电脑也不懂销售，却一手把公司打造成中国电子商务领军者。如何管理手下一帮尖端的专业人士呢？马云说：“可能有些人会批评我是外行领导内行。但我认为，外行当然可以领导内行，关键是在于尊不尊重专业。我在公司里的作用就像水泥，把许多优秀的人才黏合起来，使他们力气往一个地方使。”

对于公司战略问题，台湾积体电路公司创始人张忠谋说过这样一句话：“领导人最重要的任务就是想未来、规划未来，董事长应该花75%的时间想未来，总经理应该花50%的时间想，副总经理应该花25%的时间想。领导人应该不断给经理人出问题，逼他们想公司的未来。”

“代工之王”郭台铭把鸿海打造成世界性公司，离不开他高明的用人策略，他说：“鸿海是个大舞台，只要你有本事，就可以爬到更高的位置，带领大家冲锋陷阵。我不会因为你们拿的钱多、得到的职位太高而吝啬，前提是，你要有真本事，确实是非同一般。”

……

由此可见，优秀公司是管理出来的。对每一位创业者、领导人来说，给你一个公司，应该如何去管理呢？本书从制度、决策、领导入手，阐述了打造高效团队必备的责任、授权、执行、考核等管理知识，并从品质、销售、趋势、关系、财务、创新、节约、库存等方面探析公司管理之道，帮助你第一次当老板就上手。

管理是无情的，你必须下狠心去做，才能在残酷的市场竞争中活下来、挣到钱。为了做好管理，你必须借助更无情的制度，带领大家做事，约束每个人的言行；同时，领导过程中还不能忘了人情与人性化管理，从而聚拢人心。对老板来说，把绝情的管理制度与有情的领导艺术融合在一起，用最彪悍的行动呼唤最温柔的人性，才是公司管理的王道、大道。

目 录

引 子
当老板，你准备好了吗

1.只做自己应该做的事 …… 2
2.管理要讲情、理、法 …… 2
3.既要管得少，还要管得住 …… 3
4.经商有境界，利润有人性 …… 4
5.优秀的心理素质是优势 …… 5
6.中国企业管理的弊端 …… 6
7.从管事到管人 …… 7
8.离钱近一点，离员工远一点 …… 8
9.领导者坐下，部下就躺下了 …… 9

10.用能人而非成为能人 …… 9
11.公司要学会野蛮生长 …… 10
12.时间管理：成为高效能商业人士 …… 11
13.从产品成型到管理成型 …… 12
14.公司成长要迈四道梁 …… 13
15.适时完成角色转换 …… 14

第一章

用制度管人，按规章办事：公司发展要走在规范化的路上

1.纪律是公司的生命 …… 16
2.管理重在有法可依 …… 16
3.制度不完善，麻烦就不断 …… 17
4.令行禁止，监督好使 …… 18
5.走出“人治”的沼泽 …… 18
6.好制度会使坏人变好 …… 19
7.在公司推行问责制 …… 20
8.有制度不执行，比没制度更糟 …… 21
9.用制度约束下属，使其无机可乘 …… 22
10.规章制度的设计要点 …… 22
11.一定要推行“标准化” …… 23
12.创造遵守制度的严肃环境 …… 24
13.报表管理让公司价值最大化 …… 24
14.流程管理优化公司资源 …… 25
15.让每个人的工作都符合标准 …… 26

16.对违规的人绝不手软 …………………………………… 26
17.实施惩罚也要按规矩来 ………………………………… 27
18.越级管理危害大 ………………………………………… 28

第二章

决策是门技术活：做对的事情比把事情做对更重要

1.今天的选择，注定公司未来的命运 ……………………… 30
2.决策失误是最大的失误 ………………………………… 30
3.决策者的致命弱点 ……………………………………… 31
4.看画，退到更远的距离会更清楚 ……………………… 32
5.永远把“生存”放在首位 ………………………………… 33
6.能全景思维，有长远眼光 ……………………………… 33
7.做正确的事，再把事情做对 …………………………… 34
8.“掉头”意味着成本已经增加 …………………………… 35
9.削减决策成本的原则 …………………………………… 35
10.决策的时机是胜负的关键 …………………………… 36
11.善用政策可以实现双赢 ……………………………… 37
12.小公司不与大公司对着干 …………………………… 38
13.不要企图靠耳朵赚钱 ………………………………… 38
14.决策过程中应注意的问题 …………………………… 39
15.选对产业是最大的幸福 ……………………………… 40
16.定战略的关键是摸清基本规律 ……………………… 41
17.企业家要成为“知本家” ……………………………… 41
18.做个会思考的“领头羊” ……………………………… 42

第三章

领导者一定是“坏人”：领导者不狠，公司不稳

1.领导者一定是“坏人” …… 44
2.领导力决定战斗力 …… 44
3.冷面掌权，铁腕立威 …… 45
4.领导者要敢于说狠话 …… 46
5.不杀鸡，就唬不了猴 …… 47
6.用情义聚人才，用狠来唬大家 …… 48
7.做高情商的领导者 …… 48
8.处理好“窝里斗” …… 49
9.最好的管理就是“少管理” …… 50
10.如何让团队更和谐 …… 51
11.造钟而不报时的领导者 …… 52
12.用柔性管理去“化解” …… 53
13.把不同风格的人搭配在一起 …… 53
14.多一些领导，少一些管理 …… 54
15.尊重对方意见，但要找后账 …… 55
16.让员工无条件地服从 …… 55
17.把不称职的人扫地出门 …… 56

第四章

打造团队正能量：

带出一支知行合一的狼性团队

1.铁腕老板带出“铁军” …………………………………… 58
2.团队关系越简单越好 …………………………………… 59
3.管治下属稳、准、狠 …………………………………… 59
4.施加压力，逼出人才 …………………………………… 60
5.制定最有效的竞争机制 …………………………………… 61
6.不教导下属就是浪费其生命 …………………………………… 61
7.让整个团队实现最佳配置 …………………………………… 62
8.不同阶段的用人策略 …………………………………… 63
9.能者上，平者让，庸者下 …………………………………… 64
10.扮演好“教练”的角色 …………………………………… 64
11.让有能力的人拥有权力 …………………………………… 65
12.有人做错就把他换掉 …………………………………… 66
13.把人才变成将才 …………………………………… 67
14.把开拓型人才纳入麾下 …………………………………… 67
15.选聘能人要考虑三点 …………………………………… 68
16.控制下级的必杀技 …………………………………… 69
17.对斤斤计较者说“不” …………………………………… 70

第五章

责任胜于能力：

把员工的责任心变成公司的竞争力

1.责任心，上进心，企图心 …… 72
2.责任，企业的生死符 …… 72
3.员工为什么缺乏责任心 …… 73
4.出了问题不找借口 …… 74
5.把责任落实到每个人的头上 …… 75
6.不怕职务低，就怕觉悟低 …… 75
7.亏在互相拆台的风气 …… 76
8.责任体现人品，人品决定产品 …… 77
9.把“岗位职责”研究透 …… 77
10.安全责任观必不可少 …… 78
11.“差不多先生”害了谁 …… 79
12.现在就干，马上行动 …… 79
13.让员工自觉遵守规章制度 …… 80
14.关键工序绝不出纰漏 …… 81
15.忠诚比能力更重要 …… 82
16.在“问责”中“担责” …… 82
17.让该解决的问题到此为止 …… 83

第六章

执行力决定战斗力：没有彻底的执行，再伟大的战略都等于零

1.纪律：有效执行的保证 …… 86
2.决策后还需坚决执行 …… 86
3.树立坚决贯彻的理念 …… 87
4.提高执行力的流程改进法 …… 88
5.工作无小事，细由勤中出 …… 88
6.执行的步调要保持一致 …… 89
7.执行力不佳，谁的错 …… 90
8.执行，不找任何借口 …… 91
9.让态度不佳的员工上道 …… 91
10.消除拖延的恶习 …… 92
11.执行必须服务于目标 …… 93
12.执行不力怎么办 …… 94
13.日事日毕，日清日高 …… 95
14.用专业的心做专业的事 …… 95
15.把简单的事做好就不简单 …… 96
16.千万不要瞎忙 …… 97
17.扶上马，送一程 …… 97

第七章

在考核中挑选干将：员工只做你监督和检查的事

1.绩效考核的目的 …… 100
2.考核究竟“考”什么 …… 100
3.确定绩效考核的标准 …… 101
4.走出绩效考核的误区 …… 102
5.绩效测评的四个方法 …… 102
6.在考核中挑选干将 …… 103
7.用人不要光看考核表 …… 104
8.绩效面谈：头脑要冷心要热 …… 104
9.员工只做即将检查的事 …… 105
10.把收入和业绩挂钩 …… 106
11.关注人的实际贡献 …… 107
12.人才测评的五个技巧 …… 107
13.做好关键员工的管理 …… 108
14.建立激励计划并执行下去 …… 109
15.升迁过快会产生副作用 …… 110
16.五个人的活，三个人干 …… 110
17.解雇“鸡肋式人物” …… 111
18.及时解雇不称职的员工 …… 112

第八章

先有品质，后有品牌：

有质量未必成功，没质量一定失败

1.“质量”是公司的生命 …… 114
2.从源头打好质量保卫战 …… 114
3.追求从数量型向质量型转变 …… 115
4.“一把手”对品质负有主要责任 …… 116
5.事后控制不如事前控制 …… 116
6.进行全面质量管理 …… 117
7.建立一套严密的生产标准 …… 118
8.不放松生产环节的检验 …… 118
9.抓好“现场质量管理” …… 119
10.三大缺陷制约质量管理 …… 119
11.保证客户无可挑剔 …… 120
12.“良心”是“真正品质” …… 121
13.千方百计提升服务质量 …… 121
14.认识 ISO 9000 系列标准 …… 122
15.先有品质，后有品牌 …… 122
16.给品牌准确的市场定位 …… 123
17.通过资本运营加速品牌成长 …… 124

第九章

决胜销售，引爆业绩：基于市场行情制定销售策略

1.建立自己的“顾客网” …… 126
2.搞清楚客户为什么抱怨 …… 126
3.永远不要小看你的客户 …… 127
4.拜访客户要有作秀的功夫 …… 128
5.找到志同道合的业务伙伴 …… 128
6.挑选中间商“宁缺勿滥” …… 129
7.先拜山头，再找代理商 …… 130
8.零售商是公司的形象代言人 …… 130
9.如何让渠道商为你卖命 …… 131
10.分销渠道建设不贪大 …… 132
11.准确把握营销渠道 …… 133
12.选择合理的渠道结构 …… 133
13.设计分销渠道的要点 …… 134
14.人脉决定财脉，人缘就是财缘 …… 135
15.别在长期合作伙伴面前伪装 …… 136
16.稳住客源的六大妙招 …… 136
17.售后不好，顾客全跑 …… 137
18.产品上前线，物流是关键 …… 138

第十章

做事，做市，做势：跟对趋势才能掌握财势

1.对市场的理解很重要 …… 140
2.没有一个行业会一直好下去 …… 140
3.市场要“抢”不能“让” …… 141
4.市场失灵了怎么办 …… 142
5.宏观调控及其手段 …… 142
6.谁消费我的产品，我就要把他研究透 …… 143
7.引导消费者的使用习惯 …… 144
8.用统计数据读懂客户 …… 144
9.打造高素质促销员队伍 …… 145
10.快鱼吃慢鱼，领先者最强 …… 146
11.一定要看清财势的走向 …… 147
12.借势、造势成就大买卖 …… 147
13.大势不好未必你不好 …… 148
14.脑子里要装着世界地图 …… 149
15.关注世界最新技术的发展 …… 150
16.关心时代的宏观大势 …… 150
17.永远别跟趋势对着干 …… 151
18.加强对经济学的了解 …… 152

第十一章

公司人脉管理课：从原则和人性出发处理问题

1.经营公司其实就是经营关系 …… 154
2.把关系理顺 …… 154
3.策略可以改，关系不会变 …… 155
4.疏导洪水的管理哲学 …… 156
5.违逆人性的东西不会长久 …… 157
6.把握团队的心理气氛 …… 157
7.把下属看作“圈里人” …… 158
8.与员工建立朋友式的关系 …… 159
9.多用“我们”少用“我” …… 159
10.克服沟通中的心理障碍 …… 160
11.对个性强的人因势利导 …… 161
12.警惕“一山二虎斗” …… 161
13.处理好新老员工之间的冲突 …… 162
14.关心下属的个人问题 …… 163
15.把合作过的人都变成朋友 …… 163
16.尊重对方意见，但要找后账 …… 164
17.向人性化管理要绩效 …… 165
18.千万别与新闻界对抗 …… 165
19.网络公关来不得半点马虎 …… 166

第十二章

搞通财务出利润：让投下的每一分钱都产生价值

1.强化对资金的管理 …… 168
2.保持正常的现金流 …… 168
3.设计好账目制度 …… 169
4.手头资金要用活 …… 170
5.保证公司不花“冤枉钱” …… 170
6.把握投资的“商情” …… 171
7.投资不能踩红线 …… 172
8.投资前要调查摸底 …… 173
9.避免投资规模过大带来财务紧张 …… 173
10.认准“投资回报率” …… 174
11.短期财务报告里的秘密 …… 175
12.读懂报表，活用报表 …… 175
13.持续提升财务素养 …… 176
14.设立一个精明的财务机构 …… 177
15.让财务部门参与重大决策 …… 177
16.成长型公司的财务课 …… 178
17.利用商业信用借贷 …… 179
18.根据资源能力办事 …… 180

第十三章

领导者就是要喜新厌旧：今天不创新，明天就落后；明天不创新，后天就被淘汰

1.你的公司为什么走向衰落 …………………………………… 182
2.体制弊病是亏损的元凶 …………………………………… 182
3.初具规模，不可故步自封 ………………………………… 183
4.重视经验，还要打破经验 ………………………………… 184
5.路走不通，就换个方向 …………………………………… 184
6.变革，首先是思维的改变 ………………………………… 185
7.改革的关键是“改”人 ……………………………………… 186
8.变粗放管理为精细管理 …………………………………… 186
9.大胆进入新业务领域 ……………………………………… 187
10.主动跨越产业升级的门槛 ………………………………… 188
11.要整顿就必须全面整顿 …………………………………… 188
12.背负沉重的包袱怎么办 …………………………………… 189
13.用创新打破眼前的僵局 …………………………………… 189
14.创新不能太讲道理 ………………………………………… 190
15.创新管理的三个层次 ……………………………………… 191
16.让消费者决定创新方向 …………………………………… 192
17.创新不是一个部门的事 …………………………………… 192
18.创建“学习型”企业 ………………………………………… 193
19.在二次创业中走向卓越 …………………………………… 194

第十四章

节约的都是利润：狠抓节约让公司淡季不淡

1.节约是一种生存能力 …… 196
2.越财大气粗的公司越“抠门” …… 196
3.一手抓增收，一手抓节支 …… 197
4.不疏小利，积少成多 …… 198
5.节约首先要杜绝浪费 …… 198
6.公司处处都有“挖潜”的地方 …… 199
7.把节约变成一种习惯 …… 200
8.千方百计提高工作效率 …… 200
9.最好的方法是一次做对 …… 201
10.采购是公司节约的源头 …… 202
11.设计错误导致不良浪费 …… 202
12.精益求精，让工作“零缺陷” …… 203
13.减少内耗带来的资源浪费 …… 204
14.发挥办公用品的最大价值 …… 204
15.节约能为公司“御寒” …… 205
16.没有必要的会坚决不开 …… 205
17.在合法避税上找回一些利润 …… 206

第十五章

消灭库存没你想的那么难：速度快的人赚钱，速度慢的人卖库存

1.库存简约，成本简单 …… 208
2.十大常见库存管理误区 …… 208
3.处理库存“快、准、狠” …… 209
4.生产不忽视政策的影响 …… 210
5.按需生产，防止新的积压 …… 210
6.打开销路必须多动脑筋 …… 211
7.经销商为何大量退货 …… 212
8.两种控制库存的方法 …… 212
9.如何处理节后高库存 …… 213
10.选对代理商是关键 …… 214
11.克服“牛鞭效应” …… 214
12.什么是“零库存” …… 215
13.“零库存”管理方式有哪些 …… 216
14.成本领先：“零库存”的最大优势 …… 216
15.“零库存”管理的五大关键 …… 217
16.在思想上重视物流管理 …… 218
17.实现“零库存”的必要条件 …… 218
18.“零库存”的实施要点 …… 219

引　子

当老板，你准备好了吗

你准备好自己当老板了吗？不管你是刚踏入社会开始创业，还是工作一段时间后办公司，或是从体制内跳出来做管理，都要明白一点：管好一个公司光有热情还不够，必须在心理、思维、意识等各方面完成角色转换，才能成为称职的当家人。

1. 只做自己应该做的事

当公司规模不大的时候，管理者可以顾及一些琐事。但当规模上来了，组织结构复杂了，管理者就需要在关键问题上下功夫，做好自己该做的事。

（1）定战略和方向。

战略清晰了，公司才会有方向感，扮演好舵手的角色，是管理者的职责之一。

（2）搭班子。

即使有好的战略，没有合格的人去有效地执行，也是枉然。所以，选择能力强、善管理的人员作为高层管理班子，也是非常重要的。

通常，方向定好，班子搭好后，对方向的掌控方面，老板应有清晰的头脑，有时需要深入了解细节，甚至做一些琐碎的事，也并非不可。但必须把握度，应该以掌握情况、检查工作是否偏离方向为目的，切不可陷入其中。

【管理微博】 太平洋建设集团有限公司创始人严介和说：“厨房里的油瓶倒了，我肯定不会去扶的，会扬长而去。事后追究责任，查找是谁负责这个厨房，谁放置了这个油瓶，这样可以提高厨房管理质量。”老板做好分内的事，而不去干涉部下，员工就有了表现的机会。

2. 管理要讲情、理、法

第一，“法”是基础。

在“情、理、法”三者之间，“法”是基础。任何组织、任何领导人，都应该以“法度”“制度化”为实施管理的起点。在具体操作过程中，领导人不但要让组织成员遵守法纪、确立基本的行为规范，自己更要守法，做到身体力行。

第二，“理”是认同。

法度、制度都是由人创立的，应该随着时间、人事而变动。如果制度始终不变，不能因时、因事变化，那么就会僵化，形成官僚管理，难以应对复杂多变的商业环境，让组织管理陷入泥潭。

第三，“情”是人心。

管理是离不开人情的。各种制度管理，不但要合理，还要合乎人情，能够激发大家的工作热情和潜能。在组织管理过程中，真正的领导是深入人心的，是合乎人情的。这样的管理、领导有生命力，企业发展也会基业长青。因为，人心所向，这样的企业想不发展都难。

【管理微博】 领导人在带队伍的过程中，务必要在“法”“理”的基础上讲究“情”。做到这一点，管理也就达到了预期的效果。

3. 既要管得少，还要管得住

有人认为，“管人”就是施展手中的权力，通过三寸不烂之舌，让别人“俯首称臣”。事实上，“管人”可不那么简单，它是一门高深的学问。领导者即使精明强干、能力超群，也是无法事必躬亲，样样“有为”的。他必须忽略可以忽略的东西，做到大事“有为”，小事“无为”。

(1) 领导者需要在事情的开始阶段表现出“有为”来。

实践证明：很多事情领导者不必躬亲其过程，而需要在开始表示一个态度就可以了。这种表态可叫“拍板”，也可叫“决策”，算是“有为”的举动。也就是说，领导者在管理中必须学会选择，学会放弃。

(2) 领导者需要在事情的中间环节上表现出“有为”来。

领导者就是要纲举目张，把握好关键环节，指导整个团队协同作战，夺取最后的胜利。因此，让下属去执行，自己把握关键点才是有效的管理之道。此时的“有为”，是为了引导、完善公司的经营活动，促使高潮的到来。而当高潮形成后，他应当奔向新的目标，在新的领域开始自己的“有为”。

【管理微博】 表面看来，“有为”和“无为”似乎是不兼容的，但作为工作方法来看，它们能够殊途同归，共同达到“治”的目的。

4. 经商有境界，利润有人性

对公司领导者来说，既要做好管理工作，也要扮演好商人的角色。并且后者会影响前者的实践程度。商人要有境界，无论眼前处境如何，心中都会有一种冲动、一种本能在唤醒自己的力量。

长期以来，中国人对金钱存有一种偏见，以致在精神世界与物质世界间形成了巨大鸿沟。对金钱的误解，同样是造成贫困的根源。在一个商人那里，金钱在精神中的位置，应该是一个动力不竭的源泉。赚钱的欲望可以跟他的理想相结合，使得金钱在质量上跃升为一种资源与手段。这时候，伟大事业的远景激励着商人去奋斗，他们勇敢、执着、不屈不挠地努力着，既唤起了生命的活力，又收获了幸福的人生。

因此，领导者要放弃“经商就是赚钱”的想法。要知道，只为钱工作的人，钱既是他的朋友，又是他的敌人；钱极不稳定，极易蜕变。真正的商人经商，总是要在三个方面赚，除了赚钱，还要赚人、赚事业。从这个意义上说，利润是有人性的。而领导者以这种心态开公司、做管理，就能妥善处理与员工、股东、社会的关系，从而容易实现基业长青的目标。

【管理微博】 一个真正的商人拥有巨大的心灵力量，他不只是为了赚钱而经商，还要始终奔着远大的人生理想前行。这样一来，他的生意、管理都迸发出人性的光辉。

5. 优秀的心理素质是优势

管理公司绝对是对领导者心理素质的严酷考验：一种长时间的体力要求，一种跟工作耗在一起的能力，一种在压力下不惊慌失措、能贯彻决策的能力，以及一种能够面对恶劣后果而坦然接受它的能力，这些都是绝对必要的。对管理者来说，优秀的心理素质主要有以下几点：

(1) 能够正确地认识自己。

既看到自己的长处，又能看到自己的短处，自信而不自负、自省而不自卑。

(2) 具有饱满、稳定的情绪。

能够保持平静、愉快的工作心境，善于理解和接纳各类人才的心理倾向，具有很强的感染力。

(3) 具有坚强的意志。

面对纷乱如麻的矛盾，目的明确、办事果断，具有不达目的不罢休的决心和精神。

(4) 具有良好的人际关系。

能够看到整体、顾全大局，大事讲原则、小事讲团结，妥善处理各种问题。

(5) 具有强烈的事业心。

实现自己的抱负，具有为组织的发展壮大而努力奋斗不息的精神。

【管理微博】 领导者最后取得什么样的业绩，绝大部分取决于心理掌控、情绪自控的能力。稳定情绪、处变不惊、游刃有余，成功才能来得更早，成就也会更大。

6. 中国企业管理的弊端

WTO（世界贸易组织）前总干事穆尔先生说，中国企业的管理相当于30年前的日本，相当于100年前的英国。导致中国企业管理落后的最要命的弊病有哪些呢？

（1）人性化致命。

一直以来我们宣扬的人性化，其实在某种程度上害了中国企业。每个人意识的真空，成为中国企业的致命伤。

（2）聪明导致缺陷。

中国企业里面往往是精明的人太多，高明的人太少，英明的人基本上没有。

（3）轻视先进管理工具和方法。

很多的中国企业认为管理主要靠经验和实践，轻视先进管理工具和方法对实践的指导作用，而这往往导致企业管理效率不高、绩效不佳。

（4）领导“三拍”。

有人形容中国企业的领导者“三拍”搞垮企业：拍脑袋决策，拍大腿后悔，拍屁股走人！

（5）不会蹲马步。

基础管理好比是蹲马步。中国企业的管理的基础还没有做好，甚至连经理人自身的岗位职责、要做什么事都说不清楚。一时一个政策，这样的企业很难做长久。

（6）缺少管理规则。

管理规则对中国企业而言，最为迫切。规则有两层含义，一个是程序，一个是制度。中国企业现在程序的东西太少了。

（7）质量胆小鬼。

日本在质量管理方面下了很大功夫，在餐厅、家庭等场合搞全民质量管理。可是中国的企业在质量管理面前却是胆小鬼。

(8) 需要管工监督。

日本非常重视秩序，日本的工厂里不需要管工，员工犯了很严重的错误，以前要切腹自杀，现在不自杀了，但是精神还在。而像我们只要管工不在，能开溜就开溜。

【管理微博】 民营企业的问题是领导者的素质问题。有的国有企业过分民主，有的民营企业过分专制。对领导者来说，应在自己身上找问题，才能真正带领公司走出一片新天地。

7. 从管事到管人

具有一定规模的公司总裁和较小规模的公司领导者相比，他们之间的行为区别就是：小老板管事，大老板管人。而公司领导者的行为修炼就是如何从管事到管人，更重要的则是怎么去管人。

领导者管人管什么？怎么管？一般情况下应从三个方面入手：一是管人，二是育人，三是用人。也许“管人”这个词在今天这个鼓励沟通的时代会让人觉得刺耳，或者多少让人觉得观念落后。但在公司管理中，它依然是个不可回避的问题。

任何一家公司总要有一些管理制度和岗位纪律，这是一个公司保持其组织活动正常进行的最基本的东西。那么，作为一个组织领导者，最重要的就是要把这些制度与纪律建立起来，并使它成为员工的行动准则。

很多公司在规模小的时候，领导者习惯通过师傅带徒弟的方法言传身教，告诉每一位员工什么事情能干、什么事情不能干等；但是，当公司达到一定规模的时候，这种方法就行不通了。所以，用标准来管人、约束人便成为领导者一项很重要的工作。

【管理微博】 公司总是要一天天成长，在这个过程中，领导者的行为就一定要发生变化。最为明显的一点就是由管事逐步过渡到管人。

8. 离钱近一点，离员工远一点

浙江杭州娃哈哈公司董事长宗庆后说曾说过，领导者应该离钱近一点，否则你就不知道自己手里有多少钱，从而不能更好地去投资。领导者是应该远距离管理的，而且还要完全管好。领导者就是领导者，不要把员工盯得太死。”

(1) 管理基层员工是经理人的责任。

公司做大了，领导者不可能再“一手遮天”，必然通过聘任高级经理人负责具体的业务管理。对基层员工的任务安排、培训等，主要由经理人负责。所以，领导者应该少管一些，离员工远一点。

(2) 领导者只要把握人心就可以了。

在企业中，人才和钱是不一样的，人是要看心的，老板只要把握人的心理——了解、信任员工就可以了。制订好激励计划，即使不用去近距离管，天天盯着，员工照样会为你卖命。所以，领导者要先了解员工的心，并善于抓人心，才能做好团队管理。

(3) 投资决策才是领导者的拿手好戏。

对领导者来说，做好投资决策，学会花钱，才是头等大事。无论是投资大项目，还是市场上的资本运作，都考验着领导者的财技。所以，领导者要多跟钱接触，研究怎么科学投资、规避风险，实现“钱生钱”的经营目标。

【管理微博】 创业之初，领导者要深入一线，和员工打成一片；公司做大以后，老板要更多地与钱打交道，学会花钱。是什么原因造成了这种变化呢？最主要是环境和阶段的不同。

9. 领导者坐下，部下就躺下了

在公司里，领导者不仅要会运用权力做事，还要善于发挥自己的模范带头作用，在为人处世方面与大家同舟共济，这样才能以德服人，真正带动下属。领导者作为公司的领军人物，不但肩负着重任，而且成为大家眼中的聚焦，所以在言行方面要时刻注意自己对外界的影响作用，要主动冲到第一线感召大家。

（1）以身作则，带领大家创造良好的工作局面。

领导者总是处于众目睽睽之下，所以做任何事情的时候都要明确自己的职责和使命。而且只有领导者严格要求自己、遵守组织纪律，才能影响部下照着自己的样子去做，从而产生良好的推动作用。

（2）放下架子，在细节之处维护组织的文化理念和价值观。

一些领导者借口公务繁忙，或者自身有某种优越感，总是不注意在细节上严格要求自己，结果很难对下属起到潜移默化的影响作用。所以，在细节上严格要求自己就显得很有必要了。

【管理微博】 领导者身先士卒，率先垂范，会极大地唤起下属的崇敬感。只要你自己尽全力专注地投入工作，这种认真的态度一定会感动周围的人，使他们用主动积极的工作态度来追随你。

10. 用能人而非成为能人

约翰·亚当斯是美国历史上的第二任总统，为国家的独立立下过汗马功劳。当他接替华盛顿就任总统时，面对的是美法两国关系破裂、剑拔弩张的局面。大战一触即发，亚当斯深知自己没有军事才能，于是决定请华盛顿出山。

但是，这一想法遭到了亲信的集体反对。他们认为，如果华盛顿复出，势必唤起人民对他的崇敬和留恋，这就威胁到了亚当斯的地位。亚当斯坚持己见，果断邀请华盛顿再次担任大陆军总司令。万分幸运的是，就在华盛顿率军出征的前夕，亚当斯最终通过外交途径与法国达成了和解，顺利渡过了危机。

作为一名领导者，亚当斯的豁达与远见令人钦佩。由此，不难得出这样一个结论：真正出色的领导，绝非事必躬亲，而是知人善任，特别是敢于用比自己更优秀的能人。如果高层领导者事无巨细，大包大揽，只能成为费力不讨好的勤杂工。

【管理微博】 领导者要善用能人，而不是成为能人。掌控全局，让行家里手独当一面，这才是领导工作的要义。

11. 公司要学会野蛮生长

在市场经济的浪潮中，有许许多多的公司因善于经营而蓬勃发展，也有许许多多的公司因经营不善而在困境中挣扎。请牢记：今天很残酷，明天更残酷，后天很美好。我们已经习惯为蓬勃发展的公司喝彩，其实，世界上很多优秀的公司都是从痛苦挣扎中一步步走过来的。对公司经营者来说，野蛮生长才是最贴切的生存术。

（1）学会在夹缝中求生存。

目前，国内资本市场呈现出三分天下的局面——国有资本、国际资本和民间资本，它们分别对应着国有公司、跨国公司、私营公司。国有公司处于垄断地位，规模庞大，占有大量资源。跨国公司掌握着产业链，渗透到“地球村”的各个角落。私营公司，大多是小公司，天生就在激烈的竞争环境中生存，必须与国有资本、跨国公司同场竞技。

(2) 在不完善的市场经济环境中求发展。

比如，1993年以前没有《公司法》，那是民营企业的江湖时期；1993年到1999年，初步有了公司的模型；2000年以后，才进入一个新的创业时期。在未来的市场竞争中，许多公司仍然要面对不成熟的市场经济环境。为了生存下来，经营者必须经受恶劣环境的磨炼，在野蛮生长中一步步发展壮大。

【管理微博】 香港创维集团前董事局主席黄宏生说："公司是野生的，要生存下来很辛苦，它没有国有公司那样得天独厚的政府支持，政府最多也就是改善我们的生存环境，最终还要靠我们自己。正因为我们是野生的，一旦生存下来就会有顽强的生命力，所以并不是一阵风雨就能把我们打垮的。"

12. 时间管理：成为高效能商业人士

时间管理，可以帮助领导者把每一天、每一周甚至每个月的时间进行有效的合理安排。运用这些时间管理技巧帮你统筹时间，对于每个人来说都是非常重要的。时间管理需要一定的训练，为此我们要在这些方面多用点心思。

(1) 每天清晨把一天要做的事都列出清单。

(2) 把接下来要完成的工作也记录在清单上。

(3) 对当天没有完成的工作进行重新安排。

(4) 记住应赴的约会。

(5) 制作一个表格，把本月和下月需要优先做的事情记录下来。

(6) 把未来某一时间要完成的工作记录下来。

(7) 保持桌面整洁。

(8) 把做每件事所需要的文件材料放在一个固定的地方。

(9) 清理你用不着的文件材料。

(10) 定期备份并清理计算机。

【管理微博】 从自己做起，从每一天做起，今日之事今日毕，认真做事，一步一个脚印，这就是管理的精髓。

13. 从产品成型到管理成型

细细地分析那些成功的公司，可以将它们的取胜之道按级别依次划分为三个层次：产品的成功、渠道的成功与管理的成功。与之对应，一个公司的发展也要经历三个阶段，即产品成型阶段、渠道成型阶段和管理成型阶段。

(1) 产品成型阶段。

这是公司成功的最原始级别。有了好的产品，公司才能有利润，才能维持生存，并为以后的发展做好准备。在今天的社会中，只要你给了社会好的产品，社会一定会给你更多的回报。

(2) 渠道成型阶段。

这是公司发展的最关键阶段。完备的渠道设计，会让公司争得市场上较好的竞争地位。不过，一个公司很难独享某一市场的机会，并且市场环境是多变的，所以必须有意识地树立自己的竞争优势，形成在激烈竞争的市场中生存的能力，摆脱对有利市场条件和单一市场机会的依赖，才能取得更大的成功。

(3) 管理成型阶段。

一个公司在成功的基础上形成自己的竞争优势，并进一步优化流程，改进工作，继续深化自己的结构，可以通过建立组织的理性来维持公司的持续成长。完成这个过程，公司就实现了管理的成功。

【管理微博】 开公司是为了挣钱，但又不能只看到钱。如果忽视渠道建设、管理运作，即使初期实现了良好的盈利状况，那么后期也不可持续，公司无法基业长青。

14. 公司成长要迈四道梁

一个公司从无到有，从小到大，要经历很多风雨，甚至是生死的考验。在这个过程中，当家人必须打起精神，迈过四道梁：

（1）3~5年入门，通常公司无战略可言，凭经验、直觉，这是公司创业、积累资金阶段，最重要的是生存下来。

（2）8~10年，这个阶段是组织机构调整，战略管理进步，主要分为区域、资源，地方、成本领先产品，区域差异化，互补类产品，小型服务产品，为大型公司配套产品，季节、节日性产品，微细分市场，品牌经营，连锁经营。

（3）20~35年“入化”阶段，剩下12%的公司。这一阶段是创新、招资时期，需要进行二次创业，或者融资，完成新的跃进。

（4）45~55年成为百年老店，剩下1%~2%的公司。这个阶段公司面临接班、换代、跨国经营的问题，需要领导者进行更多的战略设计。

【管理微博】 世界上，家族公司的平均寿命是24年，在中国，家族公司的平均寿命是8年，中小型公司是2.9年。严酷的市场竞争，让许多公司还没站稳就倒下去了。这提醒我们，管理者要跟随公司成长步伐前进，实现远大、卓越的目标。

15. 适时完成角色转换

中国企业有一个非常典型的现象，就是很多的企业家或者创始人比公司还要有名。应该说在中国，企业的英雄现在比比皆是。怎样看待这种现象呢？

（1）创业阶段需要英雄主义。

在创业阶段，创始人凭借个人魅力带领企业走向成功，有许多好处。而这些企业的英雄，通过自己卓越的领导能力把一个企业带到了一个高度，也是不简单的。

（2）面对个人英雄主义的挑战。

显然，创始人要对自己的头衔保持冷静，不能被外界的赞誉迷惑。实际上，企业发展到一定阶段，创始人要面临一个严峻的挑战：如何实现由个人英雄到组织英雄。

（3）主动由个人英雄过渡到组织英雄。

在创业阶段，公司规模还很小，创始人带着大家创造财富。而后发展到一定规模，就必须经营创造一个很好的组织，然后创始人从这个组织退出，这个组织还能保持着持续的发展，这才是一种成功。

【管理微博】 如果创始人不能完成角色转换，不能带领大家建立一种良性的治理。那么，企业始终不会成熟，也很难发展壮大，更别谈到更广阔的舞台上去竞争。

第一章
用制度管人，按规章办事：
公司发展要走在规范化的路上

一套完整、完善的规章制度，是领导者管理人才、治理公司的法宝。没有规矩，不成方圆，规矩坏了，也会乱了方寸。一个有经验的领导者，应善于用规则管理你的下属，使自己的管理更有成效，真正做到奖赏有尺度，做事有分寸。

1. 纪律是公司的生命

没有规矩，不成方圆。对一个公司而言，最重要的就是纪律。与纪律相比，其他的一切都是第二位的。公司治理不能完全依靠道德引导下属，也要依靠制度约束。

（1）为了保证纪律要不讲人情。

纪律是无情的，所以让人难以理解。纪律不是人情的问题，而是关系着整个组织的生死存亡。领导者一时心软，破坏了组织纪律，以后会让自己陷入两难的境地，甚至失信于人，得不偿失。

（2）纪律面前人人平等。

公司制定出来的各种规章制度不能成为摆设。作为领导者，你应当以有效的手段保证其得以贯彻落实，一旦发现有人违规，便加以惩治，绝不手软。为了促成遵守纪律自觉性的良好氛围，领导者尤其需要遵守纪律，身体力行，发挥表率作用。如果领导者带头破坏纪律，只用纪律约束下属，必然引发人心的不满，许多事情都会管不住。

【管理微博】 一旦发现有人违规，就要加以惩治，绝不手软。既然公司员工有责任遵守公司里的各项规定，领导者更有义不容辞的责任来遵守规章。

2. 管理重在有法可依

在公司里，只有规章制度完善，才能使人们有章可循，有法可依，一旦触犯这些条例，就会遭到制裁。一套好的规章制度，甚至要比添几个主管还管用。

（1）用制度简化流程。

复杂的生产制造企业，尤其需要制度化管理保证执行的有效、简化。这其实符合管理的一个重要原则，那就是把复杂的东西变简单。

（2）把握好制度的时间性。

规则制定的目的是对一些工作中不明的事项，定出一个明确的标准。因此，它的时间性很强，同时也是为适应时代环境而定出来的，因而绝非是千古不变的定律，当时间、环境发生了变化，规则本身也必然发生变化。

【管理微博】 没有规矩，不成方圆，规矩坏了，也会乱了方寸。所以只有制定良好的规章制度，领导者才会使自己的管理更有成效。

3. 制度不完善，麻烦就不断

出色管理的实现有赖于建立完善的制度。制度是对公司运作各环节的具体约定，是要求员工共同遵守的办事规程或行动准则，是管理在技术层面上的操作系统。

（1）不断完善现有的制度。

制度的存在使员工有了共同的行为标准，它可以使管理简单明晰，减少环节，提高质量，从而实现从感性管理到理性管理的转变。但是，我们不能满足于已有的制度，要根据变化不断完善。

（2）制度建设要与时俱进。

市场是不断变化的，客户需求也在进行相应调整，因此制度也应该是发展的，以实现与市场的契合。制度不适应需求不如没有制度。制度需要在工作、管理实践中不断地更新、补充和完善，只有这样，员工才能有章可循，避免盲目性的劳动。

【管理微博】 制度之所以产生，是为了适应社会化大生产的要求。随着社会的变化，制度就会不再那么合乎时宜。为了跟得上时代需求，规章制度也要不断完善发展。

4. 令行禁止，监督好使

不被落实的制度是毫无作用的。因此，领导者应当在制定规章制度以后，要用监督保证制度的实施。要进行有效的监督，不妨遵循以下几个原则：

（1）每天要专门拿出一点时间检查工作。

每天都要检查你所管辖的工作的一部分，而且要变换时间，也要变换检查的内容。

（2）要越过级别去检查。

不要问管理人员大家工作得怎么样，而要对他管辖下的员工提一些问题。

（3）要多提问。

为了了解工作中的实际情况，老板要多询问基层员工，掌握真实的信息，这样才能正确决策。

（4）重新检查你发现的错误。

既然发现了错误，就要及时采取行动加以改正，然后重新检查。

【管理微博】 一个有经验的领导者，应善于用规则管理你的下属。只有制定良好的规章制度，领导者才会使自己的管理更有成效。

5. 走出“人治”的沼泽

卓越的管理必然是科学的管理，科学的管理就必然要用制度管人、按规章办事，就必须打破“人治”观念。走出“人治”的沼泽，重在理解其缺陷性，并找到解决之道。

(1) 由于个人智慧、水平有限，“人治”的过程中会出现这样那样的毛病。“人治”带有明显的随意性，缺乏科学性，使员工难以适应。

(2) “人治”带有专制性，缺乏民主性，决策极易失误，人际关系也易紧张。“人治”以人为主，难免出现“一朝天子一朝臣”的现象，会使员工产生不公平感，不利于“人和”。

(3) “人治”常常过不了人情关，奖亲罚疏、任人唯亲的事情一发生，领导者就会逐渐失去威信和凝聚力。

(4) “人治”只能治标而不能治本。由于“人治”而无法形成有章可循的规章制度，不利于企业风尚和企业文化的建设。

【管理微博】 一个公司，也应该依法管理，做到有法可依、有法必依。内部有一套行之有效的规章制度，是一个有生气的团队的基本特征。

6. 好制度会使坏人变好

早在 18 世纪末期，英国政府实行移民政策，决定把犯了罪的英国人统统发配到澳洲去，开发澳洲。当时，一些私人船主承包了运送犯人的工作，英国政府实行的办法是以上船的犯人数支付船主费用。

船主为了牟取暴利，尽可能地多装人。一旦船只离开了岸，船主按人数拿到了政府的钱，对于这些人是否能远涉重洋活着到达澳洲就不管不问了。有些船主为了降低费用，甚至故意断水断食。结果，能够平安到达澳洲的犯人并不多。

后来，英国政府发现了这种情况，于是想了很多办法，但是情况依然没有好转。一位英国议员终于发现，是那些私人船主钻了制度的空子，而制度的缺陷在于政府给予船主报酬是以上船人数来计算的。他提出从改变制度开始：政府以到澳洲上岸的人数为准计算报酬，不论你在英国上船装多少人，到了澳洲上岸的时候再清点人数支付报酬。

制度改变了，问题也就迎刃而解。不用政府再派官员监督，也不用政府派随船医生，船主就会主动请医生跟船，在船上准备大量药品，犯人的生活也大大改善了。船主都明白这样一个道理：尽可能地让每一个上船的人都健康地到达澳洲，因为多一个人到达澳洲，就意味着船主多一份收入。自从实行上岸计数的办法以后，船上的死亡率降到了1%以下。

公司制度设计科学合理，会极大地调动人才的积极性，发挥他们的潜能；不合理的制度，不但无法实现人尽其才，还可能压制人才，甚至造成人才流失。这就是制度的魔力所在。

【管理微博】 在好的制度下，坏人也会变好；而在不好的制度下，好人也会变坏。

7. 在公司推行问责制

问责制是和权力密不可分的，它的逻辑基础是有权力就必然要负责任，只要在权力范围内出现某种事故，必须有人为此承担责任。问责的基本方式有两种：

(1) 自我问责。

自我问责，就是主动承担责任，包括自觉检讨、道歉、请求辞职等。这可以提升员工的自我管理能力，远比来自外界的管理压力更能提升工作业绩。

(2) 组织问责。

组织问责应根据所发生的问题或事件的情节轻重，规定具体的问责档次，如责令做出书面检讨，责令公开道歉，通报批评，调离工作岗位，停职，责令辞职、免职或罢免职务，等等。

【管理微博】 问责制的意义在于“防患于未然”与“惩前毖后”。惩罚只是手段，预防才是目的。

8. 有制度不执行，比没制度更糟

有制度容易，按制度办事难，让每个能人都按制度办事就更难。能不能按章办事决定了老板有没有威信，决定了老板能否把队伍带好。概括起来，规章制度的执行步骤包括以下几个方面：

（1）提前做好准备工作，包括思想动员和落实要求两个方面。

（2）付诸实施。实施前要正确理解制度的内容，然后提出措施，认真贯彻。

（3）检查执行情况，并找出异常情况及其原因，同时还要检查实施效果。

（4）抓好信息反馈，了解规章制度的执行情况，并从信息整理中找出规律。

（5）综合考核，内容包括工作态度、工作能力、技术业务水平和工作业绩等。

（6）总结经验，把成功的经验和失败的教训加以总结，使其标准化、制度化、规范化。

【管理微博】 严肃认真执行制度，定期检查制度的执行情况，这是发挥制度管理功效的关键。

9. 用制度约束下属，使其无机可乘

韩非子说："凡治之极，下不能得。"意思是，治理天下的最高境界，就是使臣下无机可乘。韩非子认为，人都有趋利避害的本能，因此治理国家不能以"人性善"为依据，而要以"人性自利"为基础。所以在管理上，要通过有效的制度约束使大家不得不对组织负责，而不得做破坏的事情。

经营一家公司，成就一份事业。在激烈的市场竞争中，老板往往把主要精力放在对外市场开拓、业务谈判上，有时对内部工作人员疏于管理，或放权后大撒其手，结果会让别有用心的人钻空子，带来难以估量的损失。为此，管理者要学会用制度约束下属，使他们在正确的轨道上做事。

【管理微博】 商业世界是利益的争夺场，缺乏必要的约束，人们很可能在利益的驱使下做出一些违法勾当。

10. 规章制度的设计要点

科学合理的规章制度不仅要符合公司运行规律、有利于提升组织效率，还要考虑外部市场环境的变化，并保持稳定性。在制定规章制度时，老板要注意避免以下几种情况：

（1）草率行事、抵触法规。

为了应付草草订出一份管理规章，甚至有的规章制度条文与现行政策、法令和政府的规定相抵触，自行失败。

（2）粗制滥造、舍本逐末。

文字冗长，含意不清，列举大量无关紧要的条文，喧宾夺主，降低了重

要条文的分量，细枝末节的条文过多，不便记忆。

(3) 违背常理、形同虚设。

过于苛严，大家难以做到，订而不用，姑息纵容，导致制度自行废弛，成为一纸空文。

【管理微博】 规章制度制定的目的是对一些工作中不明的事项，定出一个明确的标准。因此，它要符合公司发展规律，并能适应时代环境的变化。

11. 一定要推行“标准化”

在商界，流行这样一种观点：“三流公司卖力气，二流公司卖产品，一流公司卖技术，超一流公司卖标准。”

(1) 标准问题已经从商品流通领域扩展到生产加工领域，成为各国保护产业和促进对外贸易发展的重要手段。

(2) 对中国公司来说，建立全球化的品牌，首先必须让商品具有全球化的视野，并且能够建立全球性的规模。为此，产品与服务都必须在配合消费者的需求下予以标准化。

(3) 公司采用国际标准，尽快建立自己有较高水平的管理技术和系统，才能适应全球化竞争的需要，才能确保产品质量的一致性。

【管理微博】 当今世界，谁掌握了标准的制定权，谁的技术成为标准，谁就在一定程度上掌握了技术和经济竞争的主动权，也就掌握了市场的主动权。

12. 创造遵守制度的严肃环境

一个严肃的纪律环境，对督导和促进员工的工作是相当重要的。要想创造这样一个环境，就要从以下几点做起：

（1）公司领导者要乐于自律。

要想在激烈的竞争中得到发展，领导者必须要有自律意识，身体力行，以身作则，这样才能调动公司里其他人的工作积极性。

（2）实行纪律约束要一碗水端平。

公司领导者根据每一位能人的个性、特点制定出一个标准，找出个别差异，实行管理，并且在管理中一碗水端平，不偏袒任何一方。

（3）拿正反典型教育能人。

利用报告会、演讲会、座谈会等形式，有针对性地对能人进行正反典型教育。这样可以更好地教育能人，防患于未然。

【管理微博】 创造遵守制度的严肃环境就会使员工养成遵章守纪的良好习惯，公司形成一股强大的合力，才能在市场经济的大潮中立于不败之地。

13. 报表管理让公司价值最大化

对许多大公司的经理来说，每天早晨走进办公室后做的第一件事就是：阅读早已放在办公桌上的公司前一天（或上一期）的各类财务报表。学会从报表中获得准确的情报，可以让公司价值最大化。

以财务报表为例，其种类很多，大致可分为以下四类：

（1）经营状况报表。

如资产负债表、财务状况变动表、现金流量表、存货明细表和固定资产明细表等。这类报表主要反映公司的财产、资金状况。

（2）经营成果报表。

如损益表、利润分配表、商品销售利润明细表。它是反映公司经营成果及其分配情况的会计报表。

（3）费用成本报表。

如管理费用明细表、销售费用明细表、财务费用明细表、商品产品成本表和主要产品单位成本表。这类报表反映公司经营过程中各种费用和成本。

（4）业务收支报表。

主要包括主营业务收支明细表和营业外收支明细表，这类报表反映公司的经营业务收支和营业外收支情况。

【管理微博】 通过报表管理，对公司的各种信息一目了然，老板更容易掌握组织发展的来龙去脉，从而制定出科学的决策。

14. 流程管理优化公司资源

公司流程管理的目的，是帮助公司管理和优化公司的业务流程，从而创造更多的效益。在许多公司，大部分业务都需要流程来驱动。

（1）把握流程的系统管理方法。

流程管理是一个操作性的定位描述，指的是流程分析、流程定义与重定义、资源分配、时间安排、流程质量与效率测评、流程优化等。

（2）流程管理离不开相应的数据。

一个公司的各个环节都是靠流程来进行协同运作，流程在流转过程中可能会带着相应的数据：文档、产品、财务数据、项目、任务、人员、客户等信息进行流转，如果流转不畅一定会导致这个公司运作不畅。

【管理微博】 科学的流程管理，能够用数字准确、动态反映管理活动，实现公司资源的优化配置。这是管理公司的必备条件之一。

15. 让每个人的工作都符合标准

规矩自古有之，存在于各行各业。管理工作也一样，一个公司要有自己的运行标准，才能高效运作、有序发展。让每个人的工作都符合标准就应该注意以下几点：

⑴ 领导者管理好部下，必须按照既有的规矩办事，也就是说要用制度说话。一旦领导者破坏了规矩，不但权威受损，也会丧失取舍的标准，在管人用人上乱了手脚。

⑵ 任何组织都要有标准和制度，并且所有人都必须严格遵守、执行。尤其是最高领导人，更要注意维护制度的权威。

⑶ 在任何社会条件下，标准和制度都应当具有稳定性。如果制度时常变更，大家就会无所适从，组织的稳定也就无从谈起了。领导人管理一个团队，也要明白管理的标准不可随意更改。

【管理微博】 建立标准是班子领导的关键，只有这样才会让组织的上下级感觉工作是有标准和制度的，只有在这样一个平等的环境中，大家才会积极地合作，为公司发展创造更高的效益。

16. 对违规的人绝不手软

领导者，必须保证公司的各种规章制度得以贯彻落实，一旦发现有人违规，便加以惩治，绝不手软。你应该采取以下几个明确的措施：

（1）杀一儆百。

对于违规的人，领导者必须快刀斩乱麻，给予惩罚，并对其他员工起到震慑的作用。为此，要敢于杀鸡给猴看，保持权威。

（2）一视同仁。

惩罚不能只针对弱小者，也不能针对对你抱有偏见的人，而应坚持平等一致的原则。这是赢得信任的关键。

（3）消除怨恨。

记住，处分的目的在于教育，而不是惩罚。在执行纪律处分后以积极的调子跟员工谈话，将有助于消除员工苦恼和怨恨的情绪。

【管理微博】 任何公司或组织都需要一套完整的纪律规范。要建立良好的规范，你必须找出某个方向，先集中精力整顿。

17. 实施惩罚也要按规矩来

实施违纪惩罚，必须坚持原则，而不能乱来。执行惩罚最好与违纪员工进行面对面的交谈，让他们明白其中的利害关系。

（1）陈清事实。

明确地告诉员工，他们的违纪行为造成了怎样的后果，让他们认识到其严重性。

（2）要求员工提出解决方案。

你可以让他站在领导者的角度上向他提出解决意见，会让他更理解你。

（3）确定解决计划。

你可做一些有效的商讨，确定出一个切实可行的补救计划方案。

（4）进行惩罚。

口头警告、书面警告或是其他方式都可以，但一定要选择一个切实可行的。

（5）要求再次检查。

确定的补救计划不能石沉大海，你需要知道它的执行效果如何。

【管理微博】 按规矩办事，必须遵循一定的步骤。在对违纪员工进行惩罚时，也要按规矩来。

18. 越级管理危害大

现代管理有着明显的层次，大家必须各司其职。如果经营者越级管理，造成内部一片混乱，就会直接影响到公司的效率和效益。具体来说越级管理的危害在哪里呢？

（1）组织内外产生混乱。

越级管理首先会造成有章不循、职责不清，产生无序经营的局面。

（2）中层管理者失去价值。

越级管理会让中层管理者失去信任，无法和客户建立关系，无法管理市场。

（3）高层人员威信下降。

高层管理越级，会造成管理的浪费。一个人的时间和精力是有限的，如果高层管理什么小事都干，哪有时间精力去规划、监控和管理？

【管理微博】 公司中有决策层、管理层和执行层，各层次都分有与之相对应的职责和权利。做好自己该做的，大家各安其位，整个组织就能良性运转。

第二章

决策是门技术活：做对的事情比把事情做对更重要

一个错误的选择必然产生一个错误的结果。一个错误的决策对领导者来说，不但可以导致公司产生严重的资源浪费，甚至还有可能使公司跌入衰落的深渊。默多克曾一针见血地指出："一个强有力的公司就不能设置好几个委员会和一个董事会，然后事事必须请示董事会。你必须能自己做决定。"

1. 今天的选择，注定公司未来的命运

重要的决策要提前想清楚应该怎么谈判，如何做决策。能提前做的，就提前考虑清楚；考虑的时候，先从远处，把问题的实质看清楚，然后再操作。因为你今天的选择，就会决定公司将来的命运走向何方。

作为企业家都应该知道，战略的选择不能走一步看一步，它需要有远见卓识，需要提前做出判断，尤其是在做投资的时候。作为投资最重要的是选择好项目并获得高额回报，但是其中风险很高，可能是在很多个项目中才可能选中一个。所以说，这个时候领导者一定要看准、选好，否则就葬送了公司的未来。

【管理微博】 在做出选择的时候一定要慎之又慎。如果没有合适的人，项目宁愿不做。

2. 决策失误是最大的失误

对领导者来说，决策的失误是最大的失误。因为它是事情的龙头，“头”开错了，难以挽回，一错皆错。如何避免决策发生大的失误？关键是做好下面两点：

（1）决策要有明确的目标。

没有目标就无从决策，没有问题则无须决策。决策的难点来自目标不清，目标不清往往造成在方案选择上摇摆不定；如果决策目标明确，按照目标的要求，哪个方案更好一些，决策者就会毫不犹豫地做出正确选择。

（2）多方案选择是科学决策的重要原则。

多方案选择是科学决策的一个重要原则。通过比较、选择，可以坚定决策实施过程中的信念，而碰到问题的时候，就会坚信方案应该是正确的，因为当初对方案进行了分析、比较、评价，只是在执行过程中出现了问题，可以继续努力克服困难，将方案继续付诸实施。

【管理微博】 因为一项错误决策，而给公司带来重大损失，甚至由此走向倒闭，这样的情形屡见不鲜。每一位领导者须知，做好正确决策，是正确管理的基石。

3. 决策者的致命弱点

（1）决策不准。

很多私营公司经营者缺乏决策力，或者“拍脑袋”决策，造成重大决策失误。

（2）缺乏现代市场经营知识。

很多私营公司经营者不懂经济规律，没有市场判断能力，在公司的市场行为中把握市场失误。

（3）鼠目寸光。

很多私营公司经营者为了短期利益，违背诚信原则，欺骗顾客，结果自断财路。

（4）头脑发热。

公司有一点规模，经营者就头脑发热，盲目扩张，结果一败涂地。

（5）不善管理。

很多有的经营者只会自己苦干，没有管理能力，致使公司人事不清，生产经营一片混乱。

（6）故步自封。

很多私营公司经营者取得一点成绩就不思进取，结果不进则退，被市场抛弃。

【管理微博】 做决策，碰一碰运气的心理要不得。一个盲目的决策，一定不会产生什么良好的效果，反而会把公司引入歧途。

4. 看画，退到更远的距离会更清楚

看画，退到更远的距离才能看得更清楚。画油画的时候，离得很近，黑和白是什么意思都分不清楚；退得远点，能明白黑是为了衬托白；再远点，才能知道整个画的意思。打这个比喻是为了时时提醒我们牢牢记住目标，不至于做着做着就做糊涂了，而游离目标之外。

目标是一步步向愿景逼近的前提条件。在公司的初期状态，目标是一个暗藏的、朦胧的意识。因为你还很弱小，对瞬息万变的市场还缺乏把握，无论你具有怎样的信心，目标对于初创公司至多是一个远大抱负而无法量化与明确。这个时候，最主要的做法是，领导者必须给自己的公司设立一个目标，哪怕这个目标是朦胧的。

【管理微博】 领导者要有清晰的战略思路并且能够把握和控制战略目标，这样就不至于本身也浑浑噩噩被“牵着鼻子”跑。现在的商业已经由“产品竞争时代”进入“目标竞争时代”，对优秀的商人来说，规模与市场占有率并不是最重要的，对大势与战略目标转换的把握能力、学习能力、适应能力与快速反应能力才是最重要的。

5. 永远把“生存”放在首位

在市场经济的浪潮中，有许许多多的公司因善于经营而蓬勃发展，也有许许多多的公司因经营不善而在困境中挣扎。请牢记：今天很残酷，明天更残酷，后天很美好。

我们已经习惯于为蓬勃发展的公司喝彩，其实，世界上很多优秀的公司都是从痛苦挣扎中一步步走过来的。对中国民营企业来说，野蛮生长才是最贴切的生存术。

经过30多年的发展，我国的市场环境有了很大改善，一大批有实力的公司在野蛮生长中发展壮大。其间，各种考验和艰辛是常人难以想象的。在未来的市场竞争中，许多公司仍然要面对不成熟的市场经济环境。为了生存下来，创业者必须经受恶劣环境的磨炼，在野蛮生长中一步步发展壮大。

【管理微博】 阿里巴巴集团主要创始人马云说：“小公司的战略就是两个词：活下来，挣钱。”无数企业家和创业者以他们的亲身经历告诉我们：公司生存永远是第一位的，至少在创业阶段，要先挣到钱、活下来，然后才能考虑下一步发展壮大的问题。

6. 能全景思维，有长远眼光

(1) 以世界眼光做天下生意。

做生意不要局限于一个小地方。真正的领导者都充满信心，参与国际角逐，创造世界名牌。这就是一种世界眼光。

以世界眼光做天下生意，才能站得高、看得远，才能把名不见经传的小作坊，发展成规模庞大的现代化公司，或者资产雄厚的商业航母。

(2) 以未来眼光做眼前生意。

精明的领导者从来都是瞄准未来，不只做今天的生意。因此，有时候他们会主动吃亏，为的是拉住大客户；有时候他们会投资别人不看好的生意，为的是准备迎接盈利的那一天。以未来眼光做眼前生意，赚的是明天的大钱。

【管理微博】 “红顶商人”胡雪岩说过这样一句话：“如果你拥有一县的眼光，那么你可以做一县的生意；如果你拥有一省的眼光，那么你可以做一省的生意；如果你拥有天下的眼光，那么你可以做天下的生意。”其实，赚钱还是亏本，就在那一点儿眼光上。

7. 做正确的事，再把事情做对

把正确的事情做对，实际上反映的是效率和效果的问题。把事情做正确体现的是我们的“效率”，而做正确的事情体现的就是“效果”了，只有把正确的事情做正确才能体现出“效能”。

任何事物都有它的客观规律，问题是我们是否都认识、把握到了。做正确的事就是在决定做一件事情之前，必须首先考虑到这件事情是不是正确的，做这件事情会有什么样的后果，是否可以达到预期的效果，我们的资源是否可以支持我们完成这件事情。简言之，就是我们必须首先明确做这件事情的正确性和可行性，从而保证方向没有偏差。

【管理微博】 日本软银公司董事长孙正义说：“高层管理者做正确的事，中层管理者正确地做事，执行层人员把事做正确。”做正确的事情永远比正确地做事重要。如果在错误的事情上努力，也许越努力会错得越离谱。

工作中要做到要事为先，要时刻清楚什么对于我们是最重要的，是把事情做好的关键。

8. “掉头”意味着成本已经增加

在市场瞬息万变的今天，公司切忌盲目地赶时髦，轻易地“掉头”。否则，公司就容易陷入濒临倒闭的边缘。

(1) 频繁“掉头”会迷失自我。

小公司固然有“船小好掉头”的一大优势，但老是盲目不切实际地“掉头”，产品不定型，设备不配套，技术跟不上，销路打不开，那么，“船”就会在商品经济的汪洋大海中迷失方向，甚至有撞上礁石或卷进旋涡而沉没的危险。

(2) 选对“掉头”的方向。

公司应从本身的实际出发，依托当地资源优势，选准项目。即使在前进中遇到“顶头浪”，确实需要“掉头”的，也应该慎重研究、制定决策，选准“航线”后再掉“船头”，否则将得不偿失。

【管理微博】 一旦选择“掉头”，那么以前的投入就有可能化为泡影，而这就意味着你的新路的成本已经在无形之中增加了。所以，对待决策上的变更，领导者要三思而后行，因为你的每一步都关系到公司的兴亡。

9. 削减决策成本的原则

(1) 以市场为王的原则。

决策要贴近市场抓机遇，其基本要求是：把握市场的规律进行决策，根据市场的变化调整决策，根据市场的趋势实施决策。

(2) 实事求是的原则。

没有调查研究，就没有市场发言权；没有调查研究，就没有公司决策权。这是一个最基本的决策原则。当然，调查研究的方式、方法多种多样。

(3) 民主参与的原则。

公司决策既要遵循决策的科学规律，又要遵循科学的决策程序。按照科学规律办事，是企业进行决策最起码的要求。

(4) 目标明确的原则。

目标性原则的内容是：确定公司一年、三年、五年或是十年的发展目标；以公司的长远发展目标来确定公司的战略决策方向，以公司的中、长期发展目标来确定公司战略决策的实质内容，等等。

【管理微博】 削减决策成本，公司才会少走弯路。需要注意的是，领导者必须把握好决策的机遇，不可因为过度求稳而丧失最佳时机，否则就会给自己平添许多绊脚石。

10. 决策的时机是胜负的关键

许多公司遭遇失败、陷入困境，是因为没有抓住决策的时机，致使决策不及时。一般来说，造成决策不及时的情况有：

(1) 职责不清。

影响公司决策不及时的另一个重要原因是公司没有明确的决策职责，该决策的人不决策，不该决策的人决策了却执行不了，或者根本无人决策。

(2) 判断不准。

当大量信息袭来，公司经营者需要做出有效决策时，对有用信息判断不出来，延误了决策时机。

（3）决策的效率低下。

决策者性格优柔寡断，该断不断，没有决断能力，在决策时“断”不下或者反复权衡、比较的时间太长，致使决策没有效率。

（4）决策环节过多。

一个决策的形成要经历十几道环节，召开几十个会议，层层请示，个个商量，结果错失良机。

【管理微博】 领导者没有把握住决策时机，该断不断，而造成公司生产经营失误，就要找到影响决策不及时的症结，及时整改，全力提升对外部信息的感知与处理能力，扭转颓势局面。

11. 善用政策可以实现双赢

因为不了解政策，很多公司本该享受的优惠待遇没有享受。对领导者来说，如何充分利用政策，实现政府与公司的双赢是经商的大智慧。

（1）政府优惠政策和资金扶持（适合刚起步阶段、自主创新、科技型公司），包括部委、省、市、区等制定的资金扶持政策。

（2）银行及金融公司融资贷款业务（适合生产型公司），包括银行和金融公司推出的融资产品。因此，留心国家新出台的金融政策，从中发现商业机会，会给企业发展带来难得的良机。

（3）掌握国家的优惠政策。国家为鼓励创业，从经济、政策上都给出了一定的优惠，充分了解这些优惠，熟练运用这些政策，是每一位领导者不应放弃的权利。

（4）影响政策。当公司有足够实力的时候，则可以通过游说、宣传等途径影响制定政策的人，进而使得出台的政策有利于公司的拓展。

【管理微博】 政府为了鼓励某些地区、某些行业的发展，会有一些倾斜性的政策。如果能最大限度地利用这些优惠条款，无疑是公司降低成本、积累资金的好方法。

12. 小公司不与大公司对着干

公司在发展的初期阶段不宜采取与大公司对着干的办法。这一阶段，由于公司规模还小，实力不足，特别需要从自己的实际情况出发，避开市场上大型公司的竞争锋芒，争取在大型公司竞争的缝隙中求生存、求发展。

在一般情况下，小公司和大型公司在市场上针锋相对，不如与其携手并进，甘当大型公司的配角，在相互协作中寻求发挥自身优势的机会。只要我们用心研究一下国内外的很多优秀公司的发展史，就会发现，很多成功的公司都是通过策略联盟逐步走向成功的，而且是从配角开始做起。另外，不仅要注意与自己处于同一产业或相关产业的大公司的合作上，而且要注意将自身并不精通的业务环节转包给其他公司。

【管理微博】 商业世界盛行的是弱肉强食的竞争法则。小公司实力弱小，如果与同行的大公司对着干，难免招致排挤或有被吞并的危险。所以，小公司要学会与大公司共舞，所谓“留得青山在，不怕没柴烧”就是这个道理。

13. 不要企图靠耳朵赚钱

生意人要眼观六路、耳听八方，善于从纷乱复杂的生活中发现机会。不过，话又说回来，如果仅仅凭借耳朵获取情报，有时候并不可靠，甚至还会吃亏。

(1) 警惕小道消息。

商场上，各个利益方总是竖起了耳朵，东打听西打听的，无非是想听点消息，找到发财的良机，结果却常常被牵着鼻子走，成了他人口中的羔羊。

(2) 做好关键性投资必须慎重。

在所有的错误选择中，靠耳朵赚钱是最不可靠的。这不仅在于散布消息的人可能别有用心，还在于即便信息本身无误，领导者在最终做出商业决策的时候也应该权衡利弊、拿捏分寸。兼听独断，才是最优的选择。

【管理微博】 在商场上，对任何一条信息、情报，都要进行独立思考和分析，像巴菲特那样思考，思考，再思考，因为这是我们获胜的前提和基础。

14. 决策过程中应注意的问题

(1) 决策要有明确的目标。

决策或是为了解决某个问题，或是为了实现一定的目标。没有目标就无从决策，没有问题则无须决策。

(2) 多方案抉择是科学决策的重要原则。

多方案抉择的重要性不仅仅在于可以选择，更重要的是通过选择可以增强在执行方案时的信念。

(3) 在理性的前提下决策。

决策是一个理性的、主观分析判断的过程，也就是说，决策过程受到各种主观因素的影响。所以对于同一个问题，不同的人会有不同的决策结果，这是正常现象。管理者应能够在听取各方意见的基础之上，分析判断并做出正确的决策。

(4) 决策要进行方案的分析、比较。

决策时应进行方案的分析、比较，对每个方案进行综合分析与评价，比较各方案的优劣，做到心中有数。很多时候决策的错误就来自决策者做决策时心中无数，盲目做出决定。

【管理微博】 决策既是大局上的统筹，也是细节上的管控。对决策者来说，尤其需要把握关键环节与大原则，从而确保决策的科学性、有效性。

15. 选对产业是最大的幸福

(1) 做资金周转短的行业。

一般来说，创办公司最初必须做周转幅度不大的行业。开始选择的行业资金周转幅度应尽量小些，并且自己要有一定的周转金，因为这些周转金是在确定营业目标之后备用的。

(2) 通常应做一般人都能做的行业。

如果是小资本者创立公司，应尽量避免技术性过高的行业，因为技术行业对小资本者是一项负担，所以最好做马上可以做的行业。

(3) 选择库存商品少的行业。

一般来说，应该开一个库存少的企业，这样就可以将材料尽可能快地卖出，资金回收率就高。

(4) 选择成长性的行业。

人往高处走，所创事业也要有成长性的发展。一个企业今年的经营业绩必须比去年更好，而对明年，甚至后年有计划予以扩充发展，才是有前途的企业。

【管理微博】 管理第一、经营第一的时代即将过去，而产业第一的时代很快将来临。无论是经营还是管理，都是可以复制和流动的，并不具有绝对优势，但产业是无法复制和流动的。公司最大的幸福就是选对产业！

16. 定战略的关键是摸清基本规律

从某种意义上讲，一个公司如果能始终正确地制定战略并坚定地执行，那么它就能办成百年老店。不过，行业在变化，竞争对手也在变化，地域政治、经济环境也在变化，公司如果根据外部条件的变化，结合自身情况的变化去制定战略并执行下去的话，这个公司才能长期发展下去。一个公司进入一个陌生领域，在制定战略时，专业知识并不重要，关键在于摸清基本规律。

在现实的社会生活中，虽然经济活动更为纷繁复杂，然而仍然具有很强的规律性。从大的方面看，整个国际经济形势有好有坏；从小的方面看，股票市场也是一段牛市一段熊市，有涨有落，不断循环，反复轮回。

【管理微博】 摸清事物的发展规律，然后循序渐进地向前发展，虽然少了几分开疆拓土的魄力，但这也不失为一种很好的策略。走别人走过的路，做别人做过的事，学会的是走路和做事的方式与规律，而不是去重蹈别人的覆辙。

17. 企业家要成为“知本家”

所谓“知本家”，用一个公式来表示就是，知本家=知识+技术+创新+市场。资本家为了追逐个人利益无意中推动了时代发展，而“知本家”则走在时代前面，有意识地把我们指引到信息文明社会。

企业家要成为“知本家”，必须具备四个条件：

(1) 靠知识和智慧赚钱。

⑵ 能将知识转化为技术和生产力。

⑶ 有能力进行技术创新、产品创新、管理创新。

⑷ 把知识变为产品，变为产业，变为市场。

【管理微博】 知识和经验的积累本身就是一笔财富，要相信，哪怕微软破产了，比尔·盖茨也绝不会失业。相反，一个乞丐，哪怕他中了百万大奖，也很难成为真正的富人，很难富一辈子。

18. 做个会思考的“领头羊”

在纷繁复杂、瞬息万变的商场中，领导者最重要的是始终保持冷静的头脑，慎重考虑，也就是不能跟着感觉走。

面对唾手可得的利益时不能靠感觉，而是要冷静计算得到该利益需要付出的代价，确实有利可图的，要周密决策，谨慎行事，确保以最小的代价获得最大的利益。

局势混沌不清时，即使面前有巨大的利益，也不可草率做出决策，而要以非凡的耐性稳定情绪，等待形势进一步变化，认清发展趋势，待一切明朗，非常有把握时果断出手，这样才能避免因贪图一时之利而满盘皆输。否则，做事凭感觉，甚至道听途说，那一定会把公司带入危险的境地。

【管理微博】 作为领导者，不管做什么事都得要有计划、措施以及实现的途径，继而有条不紊、循序渐进地推动各个目标的实现。如果心中无数，凡事跟着感觉走，不计后果，注定是事倍功半、成效甚微。

第三章

领导者一定是“坏人”：

领导者不狠，公司不稳

一方面，领导者有一股狠劲儿才能撑开场面：大胆任用，放手让部下开展工作；令行禁止，让员工无条件服从。另一方面，领导者还要爱护部下，给予他们帮助、支持和理解，这就是“爱”。只有“狠”而没有“爱”，领导者就会把“兵”当成向上攀爬的工具；只有“爱”而没有“狠”，领导者就无法指挥全局，孤掌难鸣。另外，人性化管理没问题，但一定要记住，真正“该出手”的时候绝不能心慈手软、拖泥带水。一定要手起刀落，干净利索。

1. 领导者一定是“坏人”

有的员工很难驾驭，且行为非常极端，会做出一些有损公司形象和利益的事情。管理这样的员工，领导者必须有点“手腕”，领导者一定是“坏人”，不能轻易对这样的人做出让步，否则他们就会得寸进尺。

(1) 服从是员工的第一要务。

如果一个下属不能无条件地服从上司的命令，这样的团队必将走向失败；反之，则能产生强大的执行能力，取得巨大的成功。领导者要谨记：“不找借口，服从并执行的员工才是最好的员工。”

(2) 领导者要确保令行禁止。

大部分不受欢迎的领导者都有一个毛病：言行不一致，说一套做一套。当家人说话算数，员工才能令行禁止，听从指挥。

【管理微博】 战场上，军令如山倒，而服从命令是军人的天职。面对军令，不管前面是万丈深渊还是刀山火海，军人唯有服从，没有半点退缩的余地。领导者带领大家决战商场，也要确保员工无条件地服从，决不能打退堂鼓。

2. 领导力决定战斗力

企业领导者的水平如何，会极大地影响团队的战斗力。除了优秀的管理理念、指挥艺术以外，出色的领导者还会以自己的优秀品质潜移默化地影响团队成员。

第一，工作的技能与态度。

从需求与实际水平之间的差距，“教练式”领导者能清楚地分析每个人员的培训需求，也因此能有针对性地对员工进行培训。从根本上说，领导者的工作态度、思维习惯、办事风格都会潜移默化地影响到员工，从而使整个公司出现一种趋同的工作氛围。优秀的“教练式”领导会带给员工积极向上的精神风貌。

第二，信念与意志力。

做“教练式”领导者并不容易，除了要有相当的专业与管理知识、沟通技能、培训方法外，最重要的一点，是要有无私的胸怀。并且可以使员工感同身受，会在长期潜移默化的影响中具备相应的领导能力。优秀的领导者，不但本身具有超乎一般的意志，并且能将自己的意志力像电流一样传导给追随者，使整个团队具有同样坚强的意志力。

【管理微博】 追随优秀的领导者，即使是资质平平的员工也会在思维、能力、视野等方面与众不同。一个优秀的领导者，会把自己的经营理念、商业操守传递给身边的人，让整个团队的战斗力得到强化，这是领导的要义之一。

3. 冷面掌权，铁腕立威

在团队管理中，要做到赏罚分明、严格执行。对于企业领导者来说，需要始终维护好自身的权威，运用好手中的权力，以铁腕立威，在得到权力、使用权力、维护权力、掌握权力方面“狠”字当头，不能有一丝的优柔寡断。

（1）做一个铁腕人物。

团队的运转和管理都需要铁腕式的领导者。身为组织的负责人，首先要做一个铁腕人物，才能用铁的管理原则完成自己的使命。特别注意的是，铁腕人物的威信，不是独断专行的结果，而是坚持民主先行，最后在把握全局的基础上制定科学决策。这样既能调动下属的积极性，又能丰富指挥者的经验。

(2) 树立领导权威。

一个领导者或管理者，能否让下属服从你的领导，尊重你的决定，是由你在团队中的威信有多高、说话的分量有多大决定的，也就是说你要用点“手腕”。从这个角度来看，树立权威对一个领导者或管理者是十分重要的。

【管理微博】 领导者总揽大权，铁腕立威。对团队发展做出宏观指导、调控，所有人员才能朝着一个方向努力，最终取得事业上的成功。相反，如果有两个人“说了算”，那么在决策上必然产生分歧，而整个队伍就不能凝聚在一起，势必朝分散的方向发展，最终将导致失败。

4. 领导者要敢于说狠话

(1) 给员工下最后通牒。

完成客户的任务，都会有时间限制。因此，安排工作进度的时候，领导者一定要下最后通牒，规定最后完工的时间，坚决不能模棱两可。

(2) 动员大会上表现出领导的力量。

面对成百上千的员工，领导者在誓师大会上做演说，尤其需要说几句狠话，鼓舞人心，让大家感觉你是主心骨，这样才能表现出领导者的力量。

(3) 对违规的员工给予威慑。

有人违反了工作纪律，领导者必须表现出严苛的一面，坚决实施惩戒，这样才能对更多的人产生威慑，以儆效尤。

【管理微博】 生意场上，博取的是利益。领导者代表的是公司，所以紧要时刻必须站出来说狠话，不需要回避，该宣传时无须躲闪，该夸下海口的时候请说出口。

5. 不杀鸡，就唬不了猴

“军令如山”“军中无戏言”，历来治军严谨的将领都是非常强调奖赏与处罚的。管理同样如此，尤其是当有人违反原则、造成巨大损失时，领导者一定要举起钟馗剑，给予惩罚，从而对其他人产生警示作用。

老板运用批评、惩罚手段要富有技巧性。“打一巴掌很重要，但一定要打得响、打得绝。”具体说来，惩戒下属要做到“稳、准、狠”三原则。

（1）要“狠”。

一旦认准时机，下定决心，便要出手利落、坚决果断、毫不留情。切忌犹疑不定、反复无常、出尔反尔。

（2）要“稳”。

惩罚不当终会带来抵制和报复，因此在动手之前首先要想到后果，能够拿得出应付一切情况的可行办法。

（3）要“准”。

批评、惩罚要直接干脆，直指其弱点，直刺其痛处，争取做到一针见血。如果不能有针对性地进行惩戒，往往对方不服气，也容易丧失领导的权威。

【管理微博】 俗话说：“杀鸡给猴看。”为了做到令行禁止，领导者有必要抓典型，惩戒那些违规者，这样一来就能对其他人起到敲山震虎的作用，防止大家乱来。有了这个示范，相信多数人会坚守自己的岗位，省去了不少管理上的麻烦。

6. 用情义聚人才，用狠来唬大家

中国的领导文化，有一个鲜明的特色：外儒内法。对外，强调儒家的仁爱、和谐精神，倡导情意；对内，即在实际管理中，重视法家的制度、规则和纪律文化，对违反规则的人要进行必要的惩罚。

管理一家大公司，同样如此。一开始，必须给大家提出纪律，说清楚奖惩的标准，一旦付诸行动就要严格遵守法令，确保执行过程中万无一失。这样明令在先，后面进行惩罚的时候，犯规的人就无话可说，也能对其他人形成警示的作用。

谈到领导与管理的艺术，日本管理大师松下幸之助也说过："老板要建立起威严，才能让员工谨慎做事。当然，平常还应以温和、商讨的方式引导员工自动自发地做事。当员工犯错误的时候，则要立刻给予严厉的纠正，并进一步地积极引导他走向正确的道路，绝不可敷衍了事。所以，一个老板如果对员工纵容过度，工作场所的秩序就无法维持，也培养不出好人才。"

【管理微博】 恩威并施，才能驾驭和利用好员工，发挥他们的才能。对待部下和员工，应该如何统御呢？是严还是宽？是刚还是柔？中国式管理的经验是，应该以慈母的手，握着钟馗的剑。也就是说，心怀宽宏，但处理起来则要严厉、果断，绝不手软。

7. 做高情商的领导者

一个人最后在社会上占据什么位置，绝大部分取决于控制情绪的能力。对领导者来说，稳定情绪、处变不惊、游刃有余，成功才能来得更早，成就也会更大。

（1）不乱发脾气。

高情商的领导者具有高度的忍耐力，不会随意在员工面前发脾气，也不会因为市场不好而悲观失望。

（2）敢于承担风险。

办企业、做生意必然要与风险相伴，风险的背后其实是市场机会和做大做强的荣耀。敢于承担风险是经营者要过的关口。

（3）潭深千尺不扬波。

经营者要时刻让自己保持冷静，即使公司有多辉煌或现在处于怎样的困境。只有冷静，才能保证自己的决策和管理行为是理性的、可行的。

（4）善于解决问题。

经营者清醒地知道他们正在追求的目标，会及时发现和解决那些挡在前进道路上的障碍。他们知道该如何评价和选择解决这些问题的方案，推进企业发展。

【管理微博】 当公司发生意外，经营遇到挫折的时候，领导者最重要的是保持一份乐观、单纯的心态，这是度过困难的法宝。须知，上天的公平并不是表现在一切人都拥有一样的面孔、一样的生活，而是要你以一种损失去换回另一种拥有。

8. 处理好“窝里斗”

说到“窝里斗”，人们总是不屑一顾，其实，这是竞争的另一种方式。公司的内部竞争是必须的，只有竞争，员工才有危机感，才有压力，才会保持毫不松懈的斗志。但在处理“窝里斗”时，领导者要三思，要想办法变坏事为好事。

(1) 要有限度地鼓励纷争。

竞争是促进进步的原动力。有限度地鼓励纷争，应用于双方都有争胜的“野心”，欲求工作上的表现或建议。如果有“私心”介入的话，领导者应立即出面澄清、调和，阻止纷争的扩大。

(2) 要把纷争当作考验下属的机会。

领导者常常需要在得力的下属中挑选将才。下属的考核，平常当然是以能力、绩效、品德等项目来评定，可是当下属之间发生纷争时，也可当作是考验的机会。此时你从双方所争论的问题、立场、动机，去了解他们的修养、气度、眼光、忠诚等，据此作为你物色将才的参考。

(3) 要注意兼听则明。

中国有句古话，“兼听则明，偏信则暗”，是说只有同时听到两种不同意见，才能在分析比较的基础上，避免片面性，得出正确结论。

【管理微博】 能否果断直接地处理冲突，表明你作为领导者是否尽到了责任。你的处理将向下属发出明确的信号：你不会容忍冲突，但是你愿意作出努力，解决任何问题。这时候，引导好内部竞争是必要的，但如果造成内部钩心斗角、自相残杀，那就得不偿失了。

9. 最好的管理就是“少管理”

美国通用电气私营公司 CEO（首席执行官）杰克·韦尔奇的一个管理原则就是，“管理得少”就是“管理得好”，也就是说公司经营管理者只管自己该管的事。

而有的上司喜欢从头管到脚，越管越变得事必躬亲，独断专行，疑神疑鬼；同时，部下就越来越束手束脚，养成依赖、从众和封闭的习惯，不仅会把最为宝贵的主动性和创造性丢得一干二净，而且会严重挫伤员工的自尊心和归宿感。时间长了，私营公司就会得“弱智病”。

相反，如果管理者能够和员工之间建立起良好的信任关系，并能够形成有效的授权和责任机制，那么，无疑会增加员工的使命感和工作动力，从而能够促进公司业绩的稳步发展。

【管理微博】 最好的管理就是“少管理”，这里的“少管理”并不是不管，放任自流，而是说，领导者要管自己该管的事，不该管的就不要插手。不插手分外的事情，对领导者来说，不但可以节省时间和精力把自己的事情做好，还能让当事人的工作不受干扰。这种井水不犯河水的做法，是保证公司持续发展、做强做大的重要条件。

10. 如何让团队更和谐

和谐的团队才会有高效的业绩和战斗力。让整个团队安定团结、创造佳绩，是领导力的重要内容。有时候，领导者不得不面对微妙的局面，比如处理两位下属之间的摩擦。在冲突发生之前，或者冲突发生后，领导者应该做好哪些事情呢？

（1）记住你的目标是寻找解决方法，而不是指责某一个人。

（2）不要用解雇来威胁人，优秀团队的建立绝非一日之功。

（3）区别事实与假设，学会在把握事实的基础上进行判断和决策。

（4）求大同，存小异，用包容的心态去对待身边的人和事。

（5）要善于倾听不同意见，从中获得公允的认识。

（6）追踪观察。考察成员之间的关系到底如何，不能只凭一时热情。

【管理微博】 使公司的所有员工之间不发生任何冲突，这是公司正常运营所必需的基本条件，也是领导者的工作职责之一。

11. 造钟而不报时的领导者

美国哈佛大学柯林斯比较很多著名企业领袖后，发现领导者不如人们所想象的那样热情洋溢、狂热十足，相反地，他们沉默、深思、谨慎。他说：“他们造钟，而不是报时，不强调个人魅力，专注组织永续。”

造钟而不报时，是领导者应有的角色。公司就是一台机器，而领导者要做的就是检查哪颗螺丝钉松了，然后紧一紧，确保机器转下去，不出故障。为此，领导者需要做好下面三点：

(1) 努力学习。

要不停地加强自己的理论修养，争取掌握更多的管理知识与理论，毕竟领导说到底是让工作有效率，有些东西是需要技术的。

(2) 深入实践。

要深入工作的第一线，懂得员工的需求，能上能下方能成就自己的领导之路。

(3) 加强道德修养。

一名成功的领导者无不具备高尚的品德，要注意自己的一言一行，树立一个道德的榜样，“吾日三省吾身”，必能成就大器。

【管理微博】 在一个公司里，大家要各安其位、各司其职。领导者的职责是什么？不是做具体的工作，而是定战略、布计划，掌控全局。做正确的事，尔后把事情做正确，是领导者要上的重要一课。

12. 用柔性管理去“化解”

在管理中实现“化解”的目标，而不是上来就想办法“解决”，一个重要原因是有些人不好管理。所以，“化解”这种柔性管理术就很有必要了。

与“以规章制度为中心”的刚性管理不同，柔性管理是一种“以人为中心”的“人性化管理”，它在研究人的心理和行为规律的基础上，采用非强制性方式，在员工心目中产生一种潜在说服力，从而把组织意志变为个人的自觉行动。

【管理微博】 把人和事结合起来，并且注重他人的心理感受，就是化解。从这个角度来看，领导者出众的魅力，在很大程度上得益于他“化解”的能力，把常人看来棘手的问题轻松解决掉，超越常人的想象。

13. 把不同风格的人搭配在一起

在企业里，可能存在极个别“全才”，但更需要考虑的是怎么把不同的人搭配在一起，从而打造一个完美的团队。对于不同类型的人，要有不同的处理方法。

（1）分析型。

特点：表达能力差，情感度也非常低，喜欢有自己的私人空间。

对策：尊重他对个人空间的需求，做事不要过于随便，要公事公办，与他交流的时候，要摆事实，做好周密的准备。

（2）支配型。

特点：喜欢发号施令，绝不容忍出现错误。不在乎别人的想法。做事比较冷静、独立，以自我为中心。

对策：要准备充分，以事实说话。可以给他两到三个方案供其选择。

(3) 亲切型。

特点：表达程度低，表达能力比较差，但是情感度非常高，喜欢与他人打交道，待人热心、做事比较有耐心。

对策：语速相对放慢，以友好非正式的方式跟他沟通。通过提供个人的帮助，建立与他彼此信任的关系。

(4) 表达型。

特点：情感度高，表达能力强。充满激情、有创造力，重感情，乐观，任何事情都理想化。喜欢参与。做事条理性比较差。

对策：要不断提出新的和独特的观点。给他更多的时间让他说话，在做工作的时候，要以书面的形式与他确认。

【管理微博】 阿里巴巴创始人马云说："进了公司，就是朋友，我是捏他们的水泥，他们是石头。阿里巴巴也是水泥，沙滩上小的石头，可以捏在一起抗衡大公司。"

14. 多一些领导，少一些管理

管理大师杰克·韦尔奇说："如果团队的大部分人是在被迫前进，那么这无疑是一种失败。管理只能建立在领导的基础之上，而不能将领导建立在管理的基础之上。"

今天，远景规划、人本管理和变革管理日渐成为左右公司成败的重要命题。事实上，在任何时候，管理和领导都缺一不可。"纯粹的管理"和"纯粹的领导"都不能很好地发挥作用。我们主张多一些领导，并不是排除一切管理，而是要强化领导的优势，多一些领导，少一些管理。

【管理微博】 优秀的管理者不会让员工觉得他在管人。作为领导者，管得过多、过细，往往会打破正常的管理秩序，使管理处于紊乱状态，影响私营公司的效益。对于员工来说，领导者一会儿说东，一会儿说西，前后指令不统一，令出多门，交叉重复，会令他们无所适从。管理应具有层次，而领导者在领导与管理中应体现出这种层次，避免"越俎代庖"的现象发生。

15. 尊重对方意见，但要找后账

在公司管理过程中，一个独断专行、听不进不同意见的领导者是非常可怕的。员工只能一切按照领导者说的去做。有时候领导者的个人决策是正确的，甚至是非常卓越的。但是作为一个大公司的领导者，你可千万别以此认为你的任何决定都是正确的，更不能认为你是唯一正确的。

在监管和决策方面，事前充分沟通，事后反思总结成为常态。对于难以避免的个别失误，要和管理层"找后账"，反思这一次的问题出在哪里。相对放权，绝不意味着放手让他们"试错"。

【管理微博】 领导者和员工之间要相互信赖、坦诚相见。同时要互尊互敬、取长补短。领导者应该从维护下属的自尊出发，谦虚谨慎、真心实意地向下属学习、征求意见，这样既赢得了对方的好感，又加强了公司的凝聚力。但是这种尊重更要时刻把握好一个"度"。

16. 让员工无条件地服从

领导者带领大家决战商场，也要确保员工无条件地服从，绝不能打退堂鼓。有的员工行为非常极端，会做出一些有损公司形象和利益的事情。管理这样的员工，老板必须有点“手腕”，不能轻易对他们做出让步，否则他们只会得寸进尺。

只有认真服从狼王的命令，狼群才能上下一心，提高凝聚力和战斗力，消灭强大的敌人。整体得以保存，每个个体才能更好地生存。在一个公司里，员工也应像群狼服从狼王的命令一样认真服从上级的命令。

【管理微博】 领导者意志坚定、言出必行是非常重要的。具体到公司管理中，领导者进行市场调查一定要做到全面、准确，制定发展战略的时候做到超前、务实和理性；而一旦商业计划开始推行，要坚定不移地贯彻执行正确的命令，从而使美好的预期变成现实。

17. 把不称职的人扫地出门

商海之中，由于竞争的残酷，慈善行为的生存空间是十分有限的，你不可能总是对那些不能完成工作的人都提供一种慈善性的宽容。当你觉得这类下属无可救药时，应在他导致灾难性后果之前将其果断解雇。

(1) 不称职的人会拖后腿。

有的员工不具备跟随团队作战的能力，即使提供训练也无法达到要求，必须对他们采取措施，包括调离、解雇等。领导者要做的是，严格按照既定方案执行，不要抹不开面子，更不能下不了狠手。

(2) 不称职的人会引起他人不满。

对于公司的某些问题，有些下属可能比你知道得更早、更清楚，他们期望你能采取行动，包括解雇那些拖后腿的同事。如果你忽视了那些不良行为，并且不能正视和面对表现很差的下属，你的信任度将受到极大影响。

【管理微博】 商业世界里奉行成王败寇的生存逻辑，员工无法做出成绩，不能给公司带来价值，就要接受惩罚。

第四章

打造团队正能量：

带出一支知行合一的狼性团队

好的团队绝不是随随便便凑合在一起的乌合之众，而是为实现一个共同的目标，按照必备的条件，经过严格的招聘挑选而组织起来的精干团队。“从心所欲而不逾矩”，大家都在统一的原则下协同起来，追求共同的目标，在无形当中就成就了公司的发展和长盛不衰。

1. 铁腕老板带出“铁军”

公司的运转和管理需要铁腕的老板，同样也需要有下列铁的管理原则：

（1）坚定。

坚定性是指挥的要诀之一，灵活性又是指挥艺术的核心，这两者在实践中是辩证统一的关系，灵活性不是离开原则性的灵活，但在落实决策目标时所采取的办法要从实际出发。

（2）变通。

管理中的重大战略决策在实施过程中，会出现这样或那样的情况和问题，这就要求在实施决策过程中进行适当的变通。

（3）有重点。

在实施决策过程中，一方面要抓住主要矛盾，重点解决那些急需解决的问题；另一方面又要在解决主要矛盾过程中注意灵活地把握政策。

（4）有民主性。

这里的关键，是要把实施决策的灵活措施交给下属进行充分的民主讨论，认真听取并吸收大家合理的意见，这样既能调动下属的积极性，又能丰富指挥者的经验。

【管理微博】 一支战无不胜的团队，首先需要一个铁腕的领导人。只有言出必行、令行禁止、意志坚决的老板，才能带出一支强大的“铁军”！而这支铁军，必然具备出色的执行力，大大提升团队的战斗力。

2. 团队关系越简单越好

《第五代管理》作者查尔斯·萨维奇认为："怀疑和不信任是公司真正的成本之源，它们不是生产成本，却会影响生产成本；它们不是科研成本，却会窒息科研的进步；它们不是营销成本，却会使市场开拓成本大大增加。"

对任何一家公司来说，组织成员之间的信任会"和气生财"，带动组织健康发展。许多时候，公司遇到的最大难题其实并不在于外在的环境，而在于内部的氛围——员工与员工之间、员工与老板之间应该是"心心相印"，而不是疑神疑鬼。

信任他人，不仅能有效地激励人，更重要的是能塑造人，在人与人相互信任的氛围中，彼此无忧无虑、无牵无挂，思维空前放松与活跃，可以尽情发挥自己的聪明才智，创造更高的业绩。

【管理微博】 那些钩心斗角的公司，所有问题其实都出在领导者身上。领导者信任人，就会有信任的风气，而不会让整个队伍乱了秩序。

3. 管治下属稳、准、狠

管理好下属，这是一门学问，聪明的领导者在决战商场前，第一就是想办法管好下属。那么，如何管理好下属呢？

（1）第一要稳。

采取强硬手段惩罚一个人，有时要冒很大风险。拿这样的人开刀，就要对其背景多加考虑，慎重行事。惩罚不当终会带来报复，因此在动手之前首先应想到后果，能够拿出应付一切情况发生的可行办法。

（2）第二要准。

批评、惩罚都要直接干脆，直指其弱点，直刺痛处，争取一针见血。如果偏了方向，不但达不到目的，还容易被员工抓住把柄，降低领导权威。

（3）第三要狠。

一旦认准时机，下定决心，便要出手利落，坚决果断，毫不留情。切忌犹疑不定，反复无常，拖沓推诿。

【管理微博】 上司在惩罚下属时也是迫不得已，但一旦做出决定，也不能心慈手软，讲究的是稳、准、狠。拖泥带水，只会降低自己的威信，容易导致下属的放任自流，无法形成严明的纪律。

4. 施加压力，逼出人才

作为领导者，如何运用掌握的权力，对下属适当施加压力，使其充分发挥潜能，是获得成功必修的科目。

（1）要施加压力，逼出人才。

有些下属如果没有外在的压力，就会满足现状，不思进取，时间一长，必然会惰性大发，影响整个公司的效率。对这样的部下，一定要施加压力，使他过剩的精力得到释放，这样一来可以提高公司的效率，二来可以满足下属的成就感。

（2）让员工始终有一种危机感。

危机能够带给人压力，而压力可以转化为动力，推动人前进。领导者要让员工有一种危机感，避免让大家在安逸的环境里丧失斗志。当然，最重要的是拿捏好分寸，让大家在差距中求进步，找到努力的方向。

【管理微博】 人不是机器，再能干的人也有一定的生理和心理的承受能力，若一味施压，不讲适度原则，那么必然会过犹不及，适得其反，既不能达到提高效率的目的，又可能落一个“暴君”的恶名，这样不但搞坏了自己的名声，而且又压垮了一员大将，得不偿失。

5. 制定最有效的竞争机制

兵随将转，无不可用之人。作为企业领导，老板的任务不是去发现人才，而是建立一个选拔出人才的机制，给每个人相同的竞争机会，并维持这个机制健康持久地运行。

给员工比赛的场地，帮员工明确比赛的目标，使比赛的规则公开化，谁能跑在前面，就看员工自己了。

【管理微博】 这种人才机制应该给每个人相同的竞争机会，把静态变为动态，把相马变为赛马，充分挖掘每个人的潜质，并且每个层次的人才都应接受监督，压力与动力并存，方能适应市场的需要。

6. 不教导下属就是浪费其生命

领导者有对下属命运负责的义务。一个人跟着你，总是没有长进，领导者要负有一定责任，因为你无法使他成长。基层员工也意识到了这一点，他们选择公司和领导，往往是奔着个人发展而去，让自己有更好的前途。

中国的管理者始终相信：人才都是逼出来的，越多的挑战，越能加速一个人成为有用的人才。但是犹如小树苗一样，开始的时候总要小心呵护，中国的领导者在授权的过程中逐步训练下属。开始的时候授小权，渐渐地让人才得到磨炼，一旦时机成熟，就把权力在最关键的时候授给他，让他在危机中最大限度地发挥自己的潜力，以此来磨炼他，以便使他更快速地成长起来，早日成为可用之材。

【管理微博】 领导者要给下属临危授命，压担子，是发挥下属潜力的重要方式。这样做，不仅能发挥人才的价值，还能解决组织发展的燃眉之急，更能让下属成长后心生感激。

7. 让整个团队实现最佳配置

皮尔·卡丹这样描述人才的搭配：“用人上一加一不等于二，搞不好等于零。如果用人中组合失当，会减弱整体优势，安排得宜，才成最佳配置。”有很多企业，他们并不缺乏人才，网罗了经营管理、专业技术等方面的优秀人才。这些人才有的甚至是某个领域的“精英”、公司的“能人”。但管理者若对他们管理不当的话，反而对组织有非常巨大的杀伤力。因此，要让整个团队实现最佳配置应做好以下四个方面的工作：

(1) 公司要有清晰的战略思路并且能够把握和控制战略目标，这样就不至于本身也浑浑噩噩，被“牵着鼻子”跑。

(2) 公司的领导对这些“好马”要有统御能力，否则这些“齐天大圣”会把“天庭”搞得鸡犬不宁。

(3) 建立适应的“能级通道”，通过有效的机制和制度合理用人。

(4) 人才引进、培养要有规划，实际上人力规划应该与公司战略规划配套一致。

【管理微博】 公司里的人才要放对位置才能释放他具有的能量。若领导者不能对团队进行最佳配置，让人才正确地发挥作用，将会给公司带来负面的影响。让优秀的人才积极地去影响团队工作，才能实现最佳的配置，带领公司发展得越来越好。

8. 不同阶段的用人策略

（1）初始期：师父带徒弟战略。

这一阶段，公司的成长主要依赖于创始人，普通员工的重要性表现得不是很突出，因此要求总经理投入大量的时间和精力。

（2）成长期：用人才“解渴”战略。

这一阶段，公司可以考虑聘请专业咨询公司进行组织结构设计和人力资源管理体系的建立，顺利度过成长期的阵痛。

（3）成熟期：资源整合战略。

公司在进入成熟期后，其计划、组织、管理开发和控制系统已经比较完善，但是公司庞大的规模和增长速度下降常常会带来经营者激励不足、内部沟通不畅、人员发展机会减少以及并购后职工间的文化冲突等问题。

（4）衰退期与复苏期：人才转型战略。

在衰退期，打开市场、降低成本、尽快走出低谷是这一阶段最紧迫的问题。裁员往往是衰退期公司的不得已选择。在裁员的同时，公司要拓展新的业务领域招聘和培养新业务领域内的人才，为重整山河做好人力资源方面的准备。

【管理微博】 比尔·盖茨说：“一个公司要发展迅速得力于聘用好的人才，尤其是需要聪明的人才。”在人才的选用上也要结合公司的发展阶段进行考虑。

9. 能者上，平者让，庸者下

按照能力大小使用人才，是小公司必须坚持的一个原则。具体来说，要把握好三点：能者上，平者让，庸者下。

（1）能者上。

让能人上位，给他们更大的权力，在岗位上作出贡献。比如，技术能手一定要负责公司整体的技术创新工作。

（2）平者让。

能力一般的人，要主动让出关键岗位，给能力强的人腾地方。可以让前者负责一般的事务，按部就班地做事就可以了。

（3）庸者下。

根本没有能力的人不但不能担任要职，而且连一般的岗位也不能让其负责。因为，碌碌之辈缺乏必要的责任心，会造成损失，让公司失去发展的机会。

【管理微博】 领导者要畅通干部进出渠道，真正体现“能者上、平者让，庸者下”。同时，还要坚持干部年轻化的原则，加大对能人的选拔任用力度。

10. 扮演好“教练”的角色

（1）培训。

不要把公司的培训交给外来人，因为他们不对员工的业绩负责。

（2）职业辅导。

作为职业教练，你得帮助员工考虑替代方案、决策有关职业发展问题。

（3）直面问题。

首先，你应该要求员工改进业绩。其次，你需要令员工由差劲的业绩升到满意的业绩。直接指出员工业绩欠佳无异于训斥他们。因此，你必须学会不带批评地告诉员工需要改进业绩。

（4）做导师。

做导师的主要目的是促进员工职业生涯取得进一步成功。作为导师，你应该指导员工解开私营公司组织中的种种难解之“谜”，引导员工渡过小公司组织中的种种危机。而在员工遇到个人危机时，还要充当他们的知己。

【管理微博】 领导者终日忙于计划、组织、指挥和控制的日子已一去不复返了。今天，必须运用适当的人际关系技巧来激励员工，必须建立起一种关系使整体整合的威力大于个体简单相加之和，必须对员工加以培训，让员工人尽其才。

11. 让有能力的人拥有权力

权力，如果运用得当，能够组织好生产，带来倍增效益。关键是，掌控权力的人一定要有能力，懂得带领众人创造更大的绩效。

丰田公司为了加强新产品的开发，设置了“首席工程师”这一职位，并授予充分的权力。首席工程师除有权决定新型号汽车的设计外，还负责全盘考虑新车的市场前景，统筹生产各个环节，选择零部件供应商，洽谈销售业务，对于可能影响未来车型的各种问题，及时加以解决，使产品适销对路。

自实施首席工程师制度以来，丰田公司的新车型从概念变为商品只需不到四年时间，而美国则要五年多，德国更需七年之久。

让有能力的人拥有权力，其实是让能人把自己的成功经验复制，最后靠团队的力量获取更大的成功。这是授权的出发点，也是授权的价值所在。

【管理微博】 分配下属任务后，就必须同时给他们相应的权力，没有权力，就是巧妇难为无米之炊。在授权后，就不要牵制他们，使他们各司其职，这样才能使企业兴旺发达起来。

12. 有人做错就把他换掉

在一个团队里，有人犯错是很正常的。领导者也要树立这样的理念：年轻人应该大胆尝试，做得不好没关系，但是要敢于负责。

不过，做错事要区分对待，不能无原则地给予机会。因为，有些错误是无法原谅的。比如，一个人因为个人操守，或者做事不够细腻而犯错，那是不可饶恕的。如果在这方面做错了，就应该换掉，因为你的经验已经没用了。

具体来说，市场环境发生结构性改变，个人因为经验不足、思维局限而犯错，是不可抗拒的，只要总结经验就可以改进或避免。但是，一个人在道德、态度上出了问题，导致一系列事故，那就不可原谅了，因为这种损失的代价太大，这样的人不值得托付重大责任。

【管理微博】 考察人才，要看他的经验，关键是理解“经验”的真正含义——经验是个质量问题，而不是数量问题。许多人的10年经验，其实只不过是一年的经验重复了10次而已。至于那些经常犯低级错误的人，更是不可重用，因为他们缺乏基本的做事能力，如果委以重任，只会误了大事。

13. 把人才变成将才

从0分到90分很容易，而从90分到100分却很难。但是善用人才，却可以让企业从90分继续成长到200分、400分、800分。对此，鸿海当家人郭台铭给出的策略是："人的潜能是无限的，把人才变成将才，就能战无不胜，就没人能打败你了。"

为此，领导者要做好下面两点：

（1）把发掘骨干人才作为一项长期的战略。

具体来说，领导者要利用各种机会持续不断地发掘骨干人才。不同于企业的一般招聘，那些独当一面的优秀人才往往需要企业领导者在日常事务中发掘出来，甚至借助猎头公司的力量。

（2）给予骨干人才优厚的待遇。

"一分价钱一分货"，货好价格自然就高，值得重金相聘的人也必是业务精通、忠心得力的人。所以企业领导人在用人的问题上不要吝惜钱财，必须充分显示出对人才价值的肯定和尊重。

【管理微博】 战场上，影响战争胜负的因素很多，但是处于关键位置的将才无疑发挥了决定性的作用。优秀的将领能够决定一个团队的生死。在企业中，领导者要注意选拔这方面的人才，并敢于大胆使用人才，让有才华的人脱颖而出。

14. 把开拓型人才纳入麾下

作为一名领导者，要怎样识别开拓型的人才呢？

(1) 主动性：具有旺盛的求知欲和强烈的好奇心。

(2) 独创性：勇于弃旧图新，不墨守成规。

(3) 变通性：联系实际，举一反三，触类旁通。

(4) 独立性：不盲从，不依靠，敢负责任。

(5) 严密性：想象的东西是否可行，还要深思熟虑。

(6) 洞察力：富于直觉，能预见事物发展趋势。

(7) 坚持力：抓住目标，坚持到底，锲而不舍，百折不挠。

(8) 果断力：能从很多提案中决定最佳方案，坚决实施，不怕诽谤、打击。

(9) 说服力：能说服别人，相信自己的决策是正确的。

(10) 想象力：浮想联翩，幻想奇特，有丰富的联想能力。

【管理微博】 无论是在外资企业、国有企业还是私营企业，任何企业的决策层都期盼能觅到开拓型的人才。经济是基础，开拓型人才所带来的最可见的利益便是企业经济效益的攀升。如果领导者善于将火眼金睛注视到开拓型的人才身上，必将给企业效益带来很大的突破。

15. 选聘能人要考虑三点

(1) 重视学历，更注重能力。

在人员招聘中要注重实际能力，特别是选拔事业开发型人才时主要看他的综合基础能力，就像挑选运动员苗子一样，关键看他是不是一块好材料，有没有发展潜力。所以，高学历不等于高能力。在招聘过程中更应注重招聘那些高能力的人才。

(2) 心理素质不可忽视。

现代经济社会的竞争是激烈与残酷的，而这势必给每一个公司、每一名员工造成强大的压力。公司是否能顶着压力前行，是否能在竞争中脱颖而出，不仅看员工的技术水平和工作能力，还要看其是否具备良好的心理素质。

（3）选有良好工作态度的人才。

良好的工作态度，往往能为本人带来工作激情和动力，从而提高工作效率。当然我们不能将工作态度简单地和工作绩效联系在一起，还必须考虑公司环境的各种具体条件的影响，这是公司在日常经营管理时所应该考虑和处理好的客观因素。

【管理微博】 若企业中能招聘到所需要的能人，那将会是一笔巨大的财富。领导者要根据公司的发展来考虑适合的人才，为公司招聘能够带来利润的好员工。这样，才能使得公司做大变强。

16. 控制下级的必杀技

（1）以影响力为主，权力为辅。

若领导者光明磊落、大公无私、先人后己、宽宏大度、远见卓识、多谋善断，就会在下级心中建立威信，使下级佩服和信赖，乐于服从他的领导，并自觉而有效地维护他的权威。这就是影响力控制。

（2）先人而动，防患于未然。

善于控制的领导者，总是掌握主动，先人而不后于人。如何做到先人而不后于人呢？这就要求领导者必须加强前期控制，同时加强对权力运行未来的估计和预测，并针对预测的信息情况采取应对措施。

（3）宽严相济，恩威并重。

面对下级，领导者保持威严是必要的，否则不足以掌控局面、发号施令。不过，也要注意展示自己宽厚的一面，让下属感受到你的恩宠，让大家找到归宿感。只有宽严相济、恩威并重，才能让整个团队焕发生机与活力，发挥最大效能。

【管理微博】 领导者在善用下级的同时还要学会控制下级。掌握控制下级的技巧才能让下属的工作完成得更加顺利和出色。领导者要根据下属的性格，工作内容进行合理的调配，如果处理不好将会影响下属的工作热情，给工作的完成带来阻力。

17. 对斤斤计较者说“不”

⑴ 满足他的正当要求。

与这样的下属相处，对他的合理要求应给予满足，使他认识到你绝不为难他，应该办的事情都会给他办，自己对下属是一视同仁的。

⑵ 拒绝他的不合理要求。

对于他的不合理要求，在委婉地摆出不能办的各种原因之后，巧妙地劝阻他不要得陇望蜀。

⑶ 自己办事要公平。

当你制定利益分配方案时，要充分发挥监督、公证的作用，将计划公之于众。使大家感到是在一种公平之中进行利益分配，这样便可避免斤斤计较的人与你纠缠。

【管理微博】 要认清身边的下属，哪些是自私自利的人，自私的程度如何，便不容易受到影响。适当地满足这样下属的要求，但对于原则性问题不可一味容忍，该拒绝时要果断说“不”。

第五章

责任胜于能力：

把员工的责任心变成公司的竞争力

责任心是一种态度，是“道德评价最基本的价值尺度”。责任缺失，是许多企业亏损，甚至走向破产的根源。公司发展壮大，必须强化责任意识，建立责任流程，打造一支有责任感的团队。

1. 责任心，上进心，企图心

⑴ 责任胜于能力。

“责任”是最基本的职业精神和商业精神，它可以让一个人在所有的员工中脱颖而出。

⑵ 上进是进步的动力。

水往低处流，人往高处走。一个员工，无论他能力再弱、学历再低，只要有上进心，善于学习，也能变得不平凡。

⑶ 企图心就是野心。

许多成功的领导者身边都有一帮能征善战的助手，而这些人往往是最初跟随领导者打天下的小兄弟。他们从一无所知，成长为独当一面的将才，靠的就是不断膨胀的野心。所以，激发干部有所企图，是领导者的一项用人诀窍。

【管理微博】 领导者不但要善于聘用有责任心、上进心、企图心的员工，还要善于在日常工作中激发他们在这些方面的追求。当然，岗位、职位不同的员工，在上进心、企图心方面是存在目标差异的。领导者掌握了不同职业类型员工的心理期望，才能有的放矢，调动员工的进取精神，提升公司竞争力。

2. 责任，企业的生死符

人是企业的发展之源，人的问题永远关系到企业的生死存亡；责任是人的立身之本，责任问题始终决定做人的成败得失，决定企业的生死存亡。

社会是企业赖以生存、发展的土壤，企业只有心怀社会、勇担责任，才能促进社会环境的改善，从而为自身的发展赢得更多机会；相反，如果企业缺乏大局意识，推卸社会责任，那无异于自断手足，甚至是自掘坟墓。所以说责任是企业的生死符，一点儿都不夸张。

对于任何一个企业而言，其社会责任最直接、最持久的体现便是严格遵守行业规范，竭力为顾客提供最优良的产品与服务，做好社会大分工里的本我角色。一个企业要做大、做强，就得从强化责任意识、努力做好自己开始。

【管理微博】 对于每一个企业来说，只有找准自己的位置，认清自己应承担的社会责任，用一颗真诚的、负责任的心去对待社会，对待民众，才能赢得公众的认可与支持。

3. 员工为什么缺乏责任心

（1）失败恐惧。

在采取恐吓型管理的企业中，员工对失败充满了恐惧。在面对一项任务时，他们首先想到的不是寻找解决方案以取得完善的结果，而是一旦失败或出现问题之后的惩罚。因此，他们总希望能够把责任推卸给他人。对失败的恐惧使员工失去了敢于承担责任的勇气。

（2）得过且过。

“做一天和尚撞一天钟”式的员工在企业中随处可见，许多管理者对此类员工颇为头疼。但是得过且过绝不是这些员工的本性，他们大多是因为对企业管理不满而产生了消极心态。

（3）缺乏激情。

员工丧失工作激情的时刻便是他们丧失责任心的时刻。当对一份工作失去热情时，没有人能够做到100%的投入，责任心也就随之消失。

⑷ 职责不清。

当员工不能够清晰地了解自身应该担负什么样的责任时，他们就不敢贸然行事。这样就使员工无法进入主动工作状态。

【管理微博】 只有找到了员工缺乏责任心的病根，然后对症下药，才能减少因为员工缺乏责任心给企业带来的损失。

4. 出了问题不找借口

每个人都不希望在工作中出现失误，但是“人非圣贤，孰能无过”，人不可能不犯错误。错误发生时，其中的部分原因是因自己而起，就应该努力承担，并弥补错误，这样才能将错误造成的损失减到最小。

所以，企业管理者要重视管理制度执行过程中的状况，培养企业上下员工工作时都不找借口的习惯。具体做法如下：

⑴ 在制度贯彻中，各级人员必须严格按照实事求是的精神，做到有章必循，不各自为政，各行其是。

⑵ 在执行中，管理者必须以身作则，模范带头，做好员工的表率。

⑶ 在方法上，企业必须依靠员工，上下结合，不搞形式，不走过场。

⑷ 在处理上应执法必严，违法必究，不搞“好人”主义，迁就姑息。

⑸ 在总结时，对在执行中发现的问题要及时加以修订完善，使制度切实可行，不可将制度束之高阁。

【管理微博】 一个人对待错误的态度可以直接反映出他的敬业精神和道德品行，是自己的责任就要一肩挑，一定不能推脱。

5. 把责任落实到每个人的头上

（1）明确每一个岗位的责任。

为何员工们都会无所事事？为何那么多工作无人承担？因为员工们都不知道自己具体要负哪些责任。所以，任何企业在进行岗位设置时，都要明确岗位的责任，让胜任这一岗位的人都能顺利处理自己的职责，承担起各自的责任，而不是得过且过，把责任全扔给管理者。

（2）建立责任流程，全面提升企业的竞争力。

每个企业都要通过发掘分析其员工责任心缺失的深层根源，从建立科学合理的现代管理制度；严格规范流程，加强监督管理制度；对员工的教育培训，建立学习型组织；加强组织建设和企业文化建设；强化组织领导能力和带头示范作用的建设等方面来增强员工的责任心，从而全面提升企业的竞争力。

【管理微博】 企业中每一部分工作都要有明确的人负责，只有每一部分的工作都有人负责了，才能将整体的工作做好，所以就要将责任落实到每一个员工头上。

6. 不怕职务低，就怕觉悟低

在公司里优秀的业绩不是来自于职务的高低，而与个人觉悟紧密相连。所以，管理者在管理员工时不要只看一个人的职务，更重要的是看员工的觉悟。

（1）态度比能力更重要。

一个人的成功，85%取决于他积极主动的态度，而只有15%取决于他的智力和所知道的事实。所以，一个企业用人，就要用有良好工作态度的人。

⑵ 不用轻视自己工作的员工。

试想一下，如果他在自己如此平凡的职位上都不重视自己的工作，都不努力工作，如果将他提到更重要的职位，他又怎么能胜任呢？

⑶ 重用自动自发的员工。

有的员工有独立思考能力，他们往往会发挥创意，出色地完成任务，而且还会换位思考为管理者考虑，给企业提尽可能多的建议。对于这种员工，不管职务如何，都应该给予重任。

【管理微博】 对一个企业来说，员工良好的工作态度是企业顺利发展的保证。如果所有员工都能树立正确的工作态度，都能全身心地投入到工作中去，那么企业将会一往无前。

7. 亏在互相拆台的风气

一个企业是否和谐，风气如何，工作态度和工作绩效如何，很大程度上取决于企业内部人员之间的关系。

如果一个企业人际关系过于复杂，同事之间钩心斗角、互相拆台，那这个企业就会在无谓的内耗之中消耗大量的精力和时间，企业的工作效率和经济效益会受到严重影响，甚至走向衰落和垮台。

所以身为管理者要为企业营造和维护和谐的企业气氛，让所有员工有一个可以安心工作的环境。

【管理微博】 人际关系简单淳朴、温馨和谐，人们心态稳定，人员流动就少，员工就能够专心工作，而不用为处理人际关系费太多脑筋，这是一种非常可贵的现象，这也是那些成功的私营企业的重要财富和优势之一。

8. 责任体现人品，人品决定产品

（1）生产者的人品决定产品。

众所周知，产品决定企业的生存，满足客户根本愿望是企业活动的核心。每位客户根本愿望的出发点是产品质量的好坏，所以每位生产者的责任心是产品质量的关键。归根结底，生产者的人品决定产品，决定企业的命运。

（2）只有高素质的人，才能生产出高质量的产品。

日本经营之神松下幸之助说过一句很简单但足以发人深思的名言："只有高素质的人，才能生产出高质量的产品。"所以当今很多企业都本着"质量就是生命"的宗旨，对员工的人品和素质提出了更高的要求，而其中最重要的又是员工的责任心。

【管理微博】 如果一个企业的每一位员工能始终秉持着"责任体现人品，人品决定产品"的信念对待每一个工作环节，坚持精益求精、一丝不苟的企业精神，永远把产品质量放在各项工作的首位，那么，这个企业的明天一定会更加灿烂辉煌！

9. 把"岗位职责"研究透

（1）要让员工自己真正明白岗位的工作性质。

要让员工在本职岗位的工作中主动发挥自我解决、自我判断、独立解决问题的能力，以求工作成果的绩效实现最大化。

（2）丰富岗位职责的内容。

企业在制订岗位职责时，要尽可能考虑到一个岗位能包含多少项工作内容，以便发挥岗位上的员工由于长期从事单一型工作而被埋没了个人的其他才能。

⑶ 实现岗位转换。

在企业人力资源许可的情况下，可在有些岗位职责里设定针对在固定期间内出色完成既定任务之后，可以获得转换到其他岗位工作的权利。通过工作岗位转换，丰富企业员工整体的知识领域和操作技能，同时也营造企业各岗位员工之间和谐融洽的企业文化氛围。

【管理微博】 在多数企业里，员工岗位责任制只是一套形式，并没有得到认真的落实。所以作为一个领导者要做的不仅是制定员工岗位责任制，更重要的是将它落实，只有这样才能够保证责任的严格执行。

10. 安全责任观必不可少

管理者要在企业内树立安全就是一种责任的观念。通过明确每个员工应承担的安全责任，进而规范他们的安全行为。因此，每一个管理者需要毫不犹豫地执行以下理念：

⑴ 安全是人命关天的大事、安全重于一切、安全高于一切。

⑵ 预防为主，综合治理。

⑶ 安全只有起点，没有终点。

⑷ 安全工作想不到就是失职，做不到就是犯罪。

⑸ 大处着眼、小处着手、源头达标、防微杜渐。

⑹ 倡导安全就是最大节约，事故就是最大浪费。

⑺ 质量就是工资，质量就是效益，质量就是安全。

⑻ 干一辈子工作，就要抓一辈子质量标准化。

【管理微博】 安全是一种责任，一种应尽的义务。因为有安全我们才会有一个完整的自己，有一个幸福的家；因为有安全，我们才会有一个高凝聚力的团队，有一个良好发展的企业。

11. “差不多先生”害了谁

（1）不要忽视工作中的细节。

在把握好方向的前提下，一定要多注意细节，主动自发地去将工作做到位，只有这样才对得起自己的努力和热情，才不会给工作留下遗憾。

（2）别以为小错就不是错。

有小错的时候，我们应该早发现，早承认，早治理，只有这样，我们才能在成功的路上稳步前进，我们才能飞得更高。

（3）按最高标准要求自己。

拿破仑·希尔讲的所谓“实现目标之前就以目标的最高标准来要求自己”，就是“将自己成功时的形象，放到愿望世界”。

这样放进愿望世界里的形象就成为人的动力，人将会有强烈欲望去积极采取有助于自己取得成功的行动。

【管理微博】 很多时候，我们所缺少的并不是技术、设备、流程和理念，而是一种尽力把工作做到位的执着精神。只要我们每个人抱有消灭“差不多”的决心，把自己的工作完全做到位，那么企业的发展将指日可待。

12. 现在就干，马上行动

（1）增强自信心。对将要做的事做个规划安排，能马上做的就马上做，不能马上做的定下明确具体的时间。

(2) 增强规划自己的能力。每天检查自己的得失，做出第二天的行动计划。

(3) 提高策略水平，多想办法和计谋。比如将繁杂的工作适当分解为许多小的行动步骤，一次做一点儿。

(4) 限时完成任务，给自己一定的激励和约束。

(5) 破釜沉舟，自断退路，自我逼上梁山，阻断借口。

(6) 寻求帮助，找合作伙伴或取得别人的支持。

(7) 不要追求十全十美。

【管理微博】 任何计划都有缺陷，计划的东西是纸上的，与实际总是有距离的，计划可以在执行中修改，但关键还是要马上去做！根据你的目标马上行动，没有行动，再好的计划也是白日梦。

13. 让员工自觉遵守规章制度

(1) 制度先行，文化无形约束。

首先，需要有共同的价值观和行为规范。一个优秀的团队必须打造自己的团队文化，发挥团队文化塑造价值和传递价值的双重作用，能够深入员工内心，使员工紧密团结、荣辱与共。其次才是靠硬性的规章制度。

(2) 意愿引导，管理以人为本。

若想建立一个好的企业或者团队，必定要“先小人后君子”，一个团队的成长就是从讲制度、讲规则开始的，同时要相信员工是能够建立自我约束能力的。

(3) 建立忠诚度，灌输团队意识。

管理者要尊重个性的存在。处理好共性与个性的关系，让一些与共性无碍的个性健康发展，同时采用注重正确引导、提倡相互兼容等方式，使个性与共性协调发展，最终将消极因素逐步转化为积极因素，形成推动企业健康发展的合力。

【管理微博】 管理本身就是员工成长和自己成长相结合的一个过程，管理好自我，诚信天下，稳健处事，员工自然会拥护和效仿，人人遵守章法，不断追求卓越。

14. 关键工序绝不出纰漏

（1）要抓住关键环节和重要工序，关键是要重视产品质量分析工作。

降低质量成本的投资主要是在对质量问题的分析上，找出了问题，就有了改进的方向。质量分析工作要由专人来做，企业要舍得花大力气、舍得投资培养质量分析人员与质量检验人员。在条件允许的情况下，要想方设法完善质量检验设备。

（2）注意利用技术革新解决质量问题。

鼓励技术革新人员通过钻研业务，用各种技术手段改革现有设备存在的问题，尤其是对质量有影响的问题。提高质量当然要靠管理，但在某种程度上，技术上的进步对质量的提高也相当有作用。

【管理微博】 领导者要紧紧围绕生产工序控制建立各种生产制度，通过工序抓产品合格率。产品合格要力争一次性过关，返工不仅造成原材料的浪费，而且造成工时的浪费，人为提高产品成本。所以抓住关键环节和重要工序便是降低了产品成本。

15. 忠诚比能力更重要

作为企业领导者该如何打造忠诚员工呢?

(1) 提供比较具有竞争力的薪酬。

企业对员工的吸引力有时不是企业的知名度和品牌，也不是产品的好卖与否，关键是一个企业能否提供比较具有竞争力的薪酬，不能是同行的最高标准，最起码也要高于同行的平均标准。

(2) 用人不疑，疑人不用。

员工在企业里的工作，是鉴于企业信任员工，员工信任企业，双方相互的信任基础上达成工作关系的。

(3) 避其短，尽其才。

企业里也不能要求员工完美无瑕，企业用人也应该用其长，避其短，尽其才。同时也应该容忍企业里的“刺头”存在，因为它能够为企业带来生机和活力，起到催化剂的作用或者说是“鲶鱼效应”。那么领导者一定要为其创造和搭建一个平台，充分发挥人才的潜能。

【管理微博】 这个社会不缺乏有能力、有智慧的人，缺的是既有能力又忠诚的人。相比而言，员工的忠诚对于一个企业来说更重要，因为智慧和能力并不代表一个人的品质，对企业来说，忠诚比能力更有价值。

16. 在“问责”中“担责”

(1) 唤醒员工沉睡的责任心。

企业中，员工没有实实在在地搞清楚自己的责任。这样的员工把本该属于自己的责任看成与己无关，所以工作才总是出现各种纰漏。只有让员工清楚自己的责任，他们才能更好地去承担责任，企业才能获得更好的发展。

（2）奖罚分明。

有句话说："小功不奖则大功不立，小过不戒则大过必生。"在企业管理中，对于功过是非的奖惩是管理者最关键的职能活动之一。奖惩，就是奖励和惩戒两方面意义的统称。所以管理者一定要做到奖罚分明。

（3）提高员工的品质。

一个企业能取得成功，无一不与他们员工的优秀品质有关，员工的品质提高了，自然也就能把企业产品带动提高一个层次。

【管理微博】 一个企业并不是有了"问责"的"员工岗位制度"就可以高枕无忧了，更重要的是要让员工敢于担责，这样才能真正地为企业创造更多的利润。

17. 让该解决的问题到此为止

每一个企业在发展的过程中都会遇到各种各样的问题，那么遇到问题时，管理者该怎么处理呢？

（1）各自承担自己的责任。

企业在发展的过程中出现问题，各部门要各自承担自己的责任，通力合作，共同把问题解决掉，而不要互相推诿。一家企业如果没有各个部门之间的协调配合和支持，即使再小的问题也会变成大问题。

（2）遇到问题，从不逃避。

也许有很多企业的领导者在放弃所遇到的问题的时候，没有想到问题的背后很可能孕育着更大的机会。而且世界上许多优秀的企业在发展的过程中，很多机会就是在解决问题的过程中被发现的。

【管理微博】 遇到问题不可怕，可怕的是逃避问题。对于一个企业的领导者来讲，遇到问题更要必须马上解决，不要推诿，也不要逃避。

第六章

执行力决定战斗力：

没有彻底的执行，再伟大的战略都等于零

三流的点子加一流的执行力，永远比一流的点子加三流的执行力更好。执行力，是创造优秀企业乃至百年老店的必不可少的妙药。研究世界 500 强企业，不难发现执行力“把简单化为神奇”的惊人威力。决战商场，赢在执行！

1. 纪律：有效执行的保证

企业的纪律是对员工行为的一种约束，是确保做事正确、行动有效、执行到位的有力武器。执行纪律时，领导者绝不能因人而异，也容不得半点仁慈和怜悯，否则，纪律只是个摆设，很难让大家信服并遵照执行。

管理学家将这种惩罚原则称为“热炉法则”，即当下属在工作中违反了规章条例，就像碰触了一个烧红的火炉，一定要让他受到“烫”的处罚，其作用共有四个方面：

⑴ 即刻性：当你一碰到火炉，立即会被烫伤。

⑵ 预警性：烧红的火炉一眼就能看见，你知道触碰它，肯定会被烫伤。

⑶ 均等性：任何人触碰火炉，无一例外，都会被烫伤。

⑷ 执行性：烫伤之苦不容商量，只要谁敢碰触火炉一定会尝到苦头。

【管理微博】 领导者必须加强对企业纪律的重视和管理，如果每个员工都严格遵照企业纪律行事，时刻警觉和约束自己的行为，员工的执行水平将大大提高，更容易避免企业亏损。

2. 决策后还需坚决执行

每个公司的领导者都有一套自己的经营思想，并由领导层根据经营思想制定出实战的决策。但是成功的企业不仅需要高明的决策，更需要强大的执行力把决策落到实处。

在当下的企业管理中，执行不力是一个普遍现象。领导者做出了决策，员工不一定能够坚决地贯彻和执行，所以领导者面对日益严峻的市场竞争态势，如何把决策落到实处，提高员工执行力，就成为一个迫切的现实问题。

对于一个企业来说，强大的执行力源于领导者毫不手软的坚决意志，执行力就是领导者坚决果断的意志。领导者的坚决意志就是执行力。正如美国霍尼韦尔公司前总裁拉里博西迪先生所言："执行应当是一名领导者最重要的工作。"俗语也说："火车跑得快，全靠车头带；工作好不好，关键在领导。"

【管理微博】 从事经营活动就是统合一切资源与力量，要想避开风险和损失获得更大的利润，就需要领导者在正确思想和决策的指引下带领员工速战速决。

3. 树立坚决贯彻的理念

执行力是创造优秀企业乃至百年老店立足的必不可少的妙药。两个公司在发展上的差距，其实是从执行力的差距上开始的。每个企业都不想落后于其他企业，要想让企业长久不衰，保持领军状态，就要做到：

(1) 要立足长远、统筹兼顾，树立正确的系统观念。

(2) 要与时俱进、追求卓越，树立正确的竞争观念。

(3) 要明确目标、把握中心，树立正确的效益观念。

(4) 要强化执行、讲求时效，树立正确的效率观念。

(5) 要主动治理、齐抓共管，树立正确的环保观念。

(6) 要依法治企、按章办事，树立正确的法制观念。

(7) 要关注民生、注重人的发展，树立正确的人本观念。

【管理微博】 许多公司领导者都热衷于学习和宣传最新的管理技巧，但是由于对执行力缺乏真正的理解和实践，他们的这些理论和技巧很可能停留在纸上谈兵阶段。要想让企业蒸蒸日上，就要树立坚决贯彻的理念，将想法付诸实践。

4. 提高执行力的流程改进法

执行不力就意味着执行成本的浪费，这是困扰老板的难题之一。老板还可以采用“流程改进法”来增加企业的执行能力。此流程改进法的核心包括：流程步骤细化、流程标准化、流程量化。

(1) 流程步骤的细化有利于全面分析执行中的影响因素。比如，销售流程是“接触—销售”，其中的影响因素是接触的方式、对象；如果将流程细化为“接触—信息的收集—信息的整理—信息的分析—信息的判断—进一步采取的行动……销售”，就会发现流程中间更多的影响因素。

(2) 流程标准化建立于流程细化之上，即通过设计一个正确的流程，作为现状的判定标准和提高的目标。它包括流程具体步骤的确定以及步骤中采用方式的确定。但这个标准不是一成不变的，在运行一段时期后，要进行有效性分析和改进。

(3) 流程量化是流程改进的核心，也是确保流程改进有效性的基本方法，它通过依据标准对现状与未来期望进行量化，以达到确定改进成本、分析改进后收益、体现改进状况等目标。

【管理微博】 流程改进法的效果已经得到多个企业的成功验证，老板可以遵循自身企业的情况对流程改进法进行“移植”“嫁接”，以切实增强企业的执行能力，节约企业资本。

5. 工作无小事，细由勤中出

“战场上无小事”，这是西点军校的军官的传统观念。同样这个观念也适用于公司，适用于公司的每一个人，上至总经理，下至员工，都要遵守。因为，工作中没有小事。

联想集团原董事局主席柳传志这样表述细活出精工："撒上一层土，踩实了，再撒上一层土，再夯实了，证明它是坚实的黄土地，才敢在上面走。"可见，工作的每一环节都是不可小视的。我们应养成一些好习惯：

(1) 养成认真检查的习惯，当做完每项工作的时候，要在心里反复提醒自己，一定要认真地检查，不允许任何错误的出现。

(2) 自己每犯一次马虎毛病，就给自己一次惩罚，或是把毛病的原因用笔记下来，平常多看几遍，或是警告自己。

(3) 在日常生活中，从小事做起，认认真真地对待每一件事。每一天，力争把每一件事情都做好。坚持下去，从而克服遇事急躁、慌张的毛病。

【管理微博】 一个公司有再宏伟、英明的战略，没有严格、认真的细节执行，再英明的决策，也难以成为现实；任何一个战略决策和规章法案，都要想到细节，重视细节，任何对细节的忽视都可能导致决策失误。

6. 执行的步调要保持一致

在执行中能够保持步调一致是企业取得胜利的前提和基础。任何妥协动摇和机会主义的做法都要坚决予以杜绝。

(1) 工作方式方法的一致。

对于既定的目标，要让员工齐心协力地去完成，在工作过程中及时交流看法、统一思想。如：工作用语公文格式的一致、工作规章的明确、工作纪律的遵守等。只要大家在工作中步调一致，就没有消除不了的分歧和误会，就没有克服不了的困难和解决不了的问题。

(2) 思想认识上的一致。

真正建立共同的价值观还需要员工思想认识上的统一。思想认识上不能够形成统一，就会分散和减弱整体的执行力。

（3）制度执行的一致。

积极维护已确立制度的严肃性。要使每个员工都坚决遵循制度执行，只要制度还没有正式修改或者废除，都必须不折不扣地执行。

【管理微博】 作为领导者，明确执行制度是最起码的职业道德要求。只有在执行中保持步调一致才能最大地发挥企业执行力的作用，所以领导者在要求所有员工执行规章制度的问题上一定要体现坚定性。

7. 执行力不佳，谁的错

（1）领导者没有常抓不懈。

如对政策执行方面虎头蛇尾；工作检验方面前紧后松，工作中态度方面是宽以待己，严于律人。

（2）管理制度不严谨，朝令夕改。

（3）制度本身不合理。

如制度缺乏针对性和可行性，使企业制度流于形式。

（4）执行过程过于烦琐或囿于条款。

如处理一个文件只需 7 分钟，但耽搁在中间环节的时间却能多达 4 天。缩短非必要的审批环节，进行科学的流程再造是制度得以有效贯彻执行的必要措施。

（5）监督不到位。

监督是执行力的灵魂，监督能确保一个组织按规划的进度表去实现目标。只有不断地监督和跟进，才能暴露出规划和行动间的差距和问题，以便老板采取行动协调和纠偏工作进展，更好地完成目标。

【管理微博】 执行力是企业成败的关键，正确分析执行力缺失的原因是改善和提高执行力的基础，所以领导者需要清醒面对问题根源，逐层解决企业存在的弊病，从根本上改善企业执行力，减少企业资源的浪费。

8. 执行，不找任何借口

在企业里，员工接受了任务就意味着做出了承诺，完成不了自己的承诺是不应该找任何借口的。这体现了员工对自己职责和使命的态度，态度影响行动，一个绝对服从的员工，必定是一个执行力很强的员工。老板要想使员工拥有坚决的态度和对待工作认真负责的精神，具体要做到以下几点：

(1) 在制度贯彻中，各级人员必须严格按照实事求是的精神，做到有章必循，决不能各自为政。

(2) 在执行中，领导者要以身作则，做好员工的表率。

(3) 在方法上，公司必须依靠员工，上下结合，不搞形式。

(4) 在处理上，应执法必严，违法必究，不要迁就姑息。

(5) 在总结时，对执行中发现的问题及时修订完善，不可将制度束之高阁。

【管理微博】 领导者必须保持员工对自己和企业决策的信心，并清晰划分出员工的责任范围，以保证员工不能用任何借口来为自己开脱，减少因责任不明产生的亏损和漏洞。

9. 让态度不佳的员工上道

管理者要做到让态度不佳的员工也具备执行力，应该从三个方面入手：

(1) 要以身作则。

遵守企业的各项制度，起到表率作用，你的员工才能够信服你，不应该想我是经理我可以随便，不遵守纪律。

(2) 明确下属的工作目标。

管理者在布置任务时，一定要明确指示所期望达到的结果和所期望完成的时间，并与下属验证大家的理解是否一致。只有做到这一点，执行力才有可能实现，否则，下属对执行的内容和你的理解都不同，你当然会对他们的执行力不满了。

(3) 督促下属制订工作计划。

记住，工作计划的制订应该是由你的下属来完成的，而不是管理者帮助下属来制订的。

【管理微博】 一个企业是一个完整的整体，员工的心态也应该都一致向前，有服务意识。倘若有少部分态度不佳的员工扰乱了企业的整个氛围，则会使企业形象贬值。作为企业的管理者，就要对态度不佳的员工进行系统化管理，让这些员工走上工作的正轨。

10. 消除拖延的恶习

在公司里，拖延恶习形成的主要原因是：

(1) 职场事务纷杂，容易使人瞻前顾后，求稳怕变，唯恐失去已经取得的成就，拖延逐渐成习，往昔的“挑战者”就会不思进取，事业无为。

(2) 业绩平平，关键在于不爱动脑，不积极思考。就会像久置不用的机器，思维变得迟钝，应激能力变差。

改变拖延的恶习主要从两个方面入手：

(1) 不间断地改变职业环境和思维环境，引导员工进入紧迫的工作状态，主动自发地工作。使员工在没有工作的时候，也处于不停的想象练习中，以提高工作熟练度，成为高效率的员工。

(2) 要求员工了解任务基线，即事务的合格水平。保证员工既不会将前景设想得太完美，因盲目追求完美而延误时间，也不会低估自身能力，失去老板的重视。

【管理微博】 拖延、推诿、散漫是私营公司普遍的弊病，消除这个百害而无一利的恶习，是领导者提高企业效率、减少损失的必要手段。

11. 执行必须服务于目标

在企业中，目标的地位不容忽视，它是企业前行的灯塔，更是员工所有行动的最终服务对象。共同而明确的目标，能使企业产生强大的竞争力。无论企业处于什么状态下，领导者都要依赖一个“总的计划和目标”，并要求员工的一切行为都仅仅依照这个目标进行。

所以领导者要懂得从企业最高部门开始建立一套完整的目标体系，即上下级目标之间是一种“目的—手段”的关系，上一级目标的实现手段为下一级的次目标，按级顺推下去，从而构成锁链式的目标体系，以保证企业的执行力始终服务于企业目标。

领导者对各级目标的完成情况，要事先规定期限，定期进行检查。检查的方法包括自检、互检和责成相关部门进行检查三种。达到预定的期限后，下级首先进行自我评估，并提交书面报告，然后上下级依据事先确定的目标一起考核目标的完成情况。对于最终结果，应当根据目标进行评价，并根据评价结果进行奖罚。同时讨论并制定下一阶段的目标。若目标没有完成；应分析其原因，并总结经验教训。

【管理微博】 领导者必须坚持“执行服务目标”的原则，保证执行力充分发挥在目标的实现上，如果执行中出现严重影响目标实现的意外事件，也必须采取一定的方法，修正原定目标，避免亏损。

12. 执行不力怎么办

（1）流程步骤的细化。

这有利于全面分析执行中的影响因素。比如，销售的流程如果是“接触—销售”，那其中的影响因素就是接触的方式、接触的对象；但如果将流程细化为“接触—信息的收集—信息的整理—信息的分析—信息的判断—进一步采取的行动……销售”，那么员工就能有针对性地工作，提升效率与效益，体现出高效率执行的价值。

（2）流程标准化。

这是建立于流程细化之上的，它的目标是通过设计一个正确的流程，来作为现状的判定标准和提高的目标。它不但包括流程有具体步骤的确定，还包括步骤中采用的方式的确定。但要注意的一点是，这个所谓的标准并不是不变的，在运行一段时期后，还要对它进行有效性分析，以期改进。

（3）流程量化。

这是流程改进核心的部分，也是确保流程改进有效性的基本方式，它通过依据标准对现状与未来期望进行量化，从而达到确定改进的成本、分析改进后的收益与改进的成本、体现改进状况等目标。

【管理微博】 中国台湾华建公司总裁卢正昕说：“企业的执行力靠的就是纪律。”执行力的强弱关系着企业是否能正常运转，是否有发展的潜能。作为企业的领导者，要时刻关注企业的执行力，以确保企业的稳定发展。

13. 日事日毕，日清日高

我们常被要求今日事今日毕，这个观念也日益被企业的管理层所运用，而这也成为提高工作效率的一个环节。海尔集团就制定了“日事日毕，日清日高”的制度，并且效果极好。

具体地说，把握“日事日毕，日清日高”要从以下两点入手：

(1) “事不过夜”，宁可“人等事”，不让“事等人”。

(2) 今天的工作必须今天完成，今天完成的事情必须比昨天有质的提高，明天的目标必须比今天更高才行。

一位经济学家说：“想要偷学海尔的制度不难，难在持之以恒。”无论是哪个行业，能够做到日事日毕、日清日高的公司，一般都有好的工作效率，从而实现公司未来美好的愿景与目标。

【管理微博】 海尔集团的“日事日毕，日清日高”制度是一种很积极的工作制度。它大大提高了员工的工作效率，同时也被很多家企业所效仿。将每天的工作当天清理完毕，不遗留到明天，这是对提高员工执行力非常有效的一个方法。

14. 用专业的心做专业的事

专业不是职业，职业人士更不同于专家，细微的差别便是企业及个人在21世纪成败的关键。要想独霸世界舞台、锻造他人无法超越的核心竞争力，必须依赖专业精神与技能。

小公司在发展过程中，总是有一股渴望长大的冲动。为了早日实现这一梦想，许多公司经理人会不自觉地采取多元化经营，或者对自己的业务不专注，变得非常焦虑。

成功缘于专业，这样说恐怕不为过。做到专业意味着行业内第一、不可复制，也正是这一点造就了无数成功的行业领袖——快餐业的麦当劳、轿车行业的大众、IT产业的微软等。小公司在发展过程中，首先要丢掉大而全的经营思路，抓住行业特色做专、做精，才能创建自己成功的机会和市场。

【管理微博】 小公司在创业过程中，最重要的是用专业的心做专业的事，才能把工作做到位，形成自己的竞争优势，在商业世界中纵横捭阖。

15. 把简单的事做好就不简单

大公司做人，小公司做事。经营一家小公司，要带领员工把各种简单、芜杂的事情不折不扣地做好做到位，成功自然水到渠成地来临。作为领导者，该怎样引导员工将简单的事情做好呢？

(1) 领导者要引导员工具备这样的意识：复杂的事简单做，简单的事认真做，认真做的事情反复做，反复做的事情创新做。

(2) 公司刚刚成立的时候，领导者要在员工中起到一个平衡主导作用，把各种力量聚集到一起来，带领团队将简单的事情做到极致。

(3) 当公司效益好了，一些人就会想公司该给我钱了，该给我升职了。看到这个苗头，领导者应该对全体员工讲“做好是应该的”“做不好是要负责任的”，让大家的心平静下来。

【管理微博】 引导员工踏实做事，把简单的事情做好，才能有公司的发展和进步，才能获取利润；任何伟大的商业计划，任何激情的豪言壮语，都是空话，不可能使公司发展壮大。

16. 千万不要瞎忙

许多企业有这样的怪现象：每个人都忙，每个部门都忙，但就是整体效率低。作为领导者你必须能够找出其中的病因，杜绝这种现象的发生。

领导者可以从以下几个方面分析解决：

（1）流程有待完善。

优化流程。检查和改进流程，检查流程是否按原来的流程设计构建了全部流程系统；然后根据实际情况更新和完善；最后，检查流程上流动的内容是否正确合理地流动。

（2）制度支持度不力。

根据需要，制定严格细致的新制度，以制度支持流程。

（3）监管不到位。

加强监管，选用优秀的监管者，领导自觉接受监管。

（4）员工的职业素质不高。

培训和引进高素质员工，适当拉开优秀与普通员工的薪资差距。

（5）企业战略定位及方向有问题。

结合自身的有效资源制定正确、稳定、可持续发展的企业战略。

【管理微博】 员工忙不一定是好事，领导者要冷静地分析原因，找出弊端，集中解决，使员工的行动真正发挥作用。

17. 扶上马，送一程

管理者交代一项任务给员工后，并不代表他的责任就已经完成了，还应该负起另一项重要职责——给予员工适时的帮助和指导。

(1) 命令追踪。

对于已发出的命令进行追踪是确保命令顺利执行的最有效方法之一，是成功的领导者经常采用的控制手段。命令追踪的方式有两种：亲自观察命令执行的状况；员工定期呈报命令执行状况的说明。

(2) 监督进度。

监督的时候要注意：监督工作进展，尽量避免干涉员工的具体工作；以适当的方式提出意见或提醒；确认绩效，兑现奖惩。

(3) 全局统御。

授权的目的是把主管们从具体事务中解放出来，使他们有更多的时间和精力思考全局的问题，这样会比事事躬亲更能统御全局。

【管理微博】 作为领导者必须参透“一手软，一手硬，一手放权，一手控制”的授权之道。当领导者完成了授权环节，还要观察员工工作的完成情况，这就需要领导者对于授权的员工进行进一步的指导和检测，保证权力的下放效果。

第七章

在考核中挑选干将：员工只做你监督和检查的事

让公司具有竞争力，方法很简单，就是释放员工的活力、智慧与创造精神。成功不仅依赖优秀的员工，更重要的是要有成熟而行之有效的绩效考核制度和激励机制。在深入了解员工需求的基础上，制订恰当的激励策略，激励每一个员工去实现公司的预定目标。

1. 绩效考核的目的

在拟定绩效考核方法之前应该先了解绩效考核的目的是什么：

⑴ 设计一种公平合理的方式，在一段时间内，尽量客观地考核出个别的组织成员对组织的实质贡献（或者可以说存在价值）。

⑵ 确实让被考核的人能够了解考核的结果，以便依据此结果来修正自己的行为，提高对公司的实质贡献。

考核实质贡献时应注意两个重要的尺度：首先是实际完成工作的质与量；其次是对组织的无形贡献，包括对公司的认同态度、责任感、与其他人员的配合度和相处情况，等等。

这两个尺度是不可偏废的。就考核的方法而言，实际完成工作的质与量是比较容易精确计算的。至于无形贡献的考核，以利用不记名问卷的方法比较可行。但是在设计问卷时应以简单、明了及有效为准。

【管理微博】 不同阶层和不同功能的人员，考核的内容也是有所区别的。所以，领导者一定要根据员工职位特点合理安排考核内容。

2. 考核究竟“考”什么

在美国东海岸的某一条街上，有一家著名的毛皮公司，公司的职员中有三人是亲兄弟，但三人的薪水却不同。这是为什么呢？看看他们的表现你就知道了。

领导者让兄弟三人去调查停泊在海边的B船，船上毛皮的数量、价格和质量都要详细地记录下来，并尽快给予答复。5分钟后，老二便回到领导者办公室做了汇报，原来他是用电话向 B 船了解情况的。

1 个小时后，老三回到领导者办公室。他说他去了 B 船，同时，把亲眼看到的船上的货物数量、质量等情况作了详细的汇报。

3 个小时后，老大才回到领导者的办公室。他首先重复报告了老三的报告内容，然后说他已经将船上最有价值的商品品牌都记录下来了，为了方便公司与货主签订合同，他已经请货主明天上午 10 点钟前来公司一趟。

【管理微博】 这件事告诉领导者，在对员工进行绩效考核时，不能简单地依据某一个标准，而是要从多方面对员工进行"立体考核"，这样才能对一个人作出正确的评价。

3. 确定绩效考核的标准

进行绩效考核，首先要确定一个标准，作为分析和考察员工的尺度。这个标准一般可分为绝对标准、相对标准和客观标准。

(1) 绝对标准是以如出勤率、废品率、文化程度等客观现实为依据，而不以考核者或被考核者的个人意志为转移的标准。

(2) 相对标准是采取相互比较的方法，此时每个人既是被比较的对象，又是比较的尺度，因而标准在不同群体中往往就有差别。比如规定每个部门有两个先进名额，那么工作优秀者将会在这种比较过程中评选出来。

(3) 客观标准则是评估者在判断员工工作绩效时，对每个评定项目在基准上给予定位，以帮助评估者做评价。

【管理微博】 制定绩效考核标准时，要针对不同职位制定不同的考核参数，而且尽量将考核标准量化、细化，多使用绝对标准和客观标准，使考核内容更加明晰，结果更为公正。

4. 走出绩效考核的误区

需要注意的是，将月度绩效考核等同于绩效管理，这实际上是一个误区。像这样的误区，还表现在以下几个方面：

(1) 照抄照搬，盲目模仿。

公司的管理体系必须充分考虑公司的特点、发展阶段、战略目标、员工知识、技能、能力等。不顾公司自身特点，盲目模仿、沿用其他公司管理实践只能导致水土不服。

(2) 把绩效考核简单化。

在一些管理者眼里，“考核=打分=发奖金”。其实，绩效考核的目标是多重的，考核的结果更要广泛地运用在员工招聘、培训、晋升等方面。

(3) 忽略绩效反馈。

绩效管理的最根本目标是不断提高员工和公司的绩效，在竞争日趋激烈的环境中建立持久的竞争优势。忽略绩效反馈环节，把绩效管理静止化地对待的思维和实践对公司不断改进和提高的杀伤力极大。

【管理微博】 绩效考核最重要的一点就是让每一位员工参与进来，在接受他人考评的同时，对自己的工作进行考评，做到人人平等，共同进步。

5. 绩效测评的四个方法

绩效测评作为公司用人过程中至关重要的环节，已越来越受到领导者的重视。要进行科学公正的绩效测评，首先要选择正确的方法。

（1）主管测评法。

这是凭领导者个人的判断来评定下属人员的一种测评方法。这种方法的优点是简便易行，缺点是缺乏客观标准，测评结果很难达到公平合理。

（2）民意测验法。

该法把测评的内容分为若干项，制成测评表，每项后面空出 5 格：优、良、中、及格、差，然后将测评表发至相当范围。

（3）综合测评法。

这种方法是首先自己总结，然后员工评议，最后领导者归纳测评结果。被测评者本人对自己了解最清楚，由本人对自己实事求是地总结评定就比较客观，有利于培养自我管理和严格要求自己的作风。

【管理微博】 绩效测评发扬了民主，也沟通了上下级之间的思想联系，是让整个团队保持高绩效、高效率的有力武器。

6. 在考核中挑选干将

在考核中选拔得力干将，需要把考核结果与工资、职务晋升紧密结合在一起。基于此，考核标准可以设定为五个等级，它们是：

（1）第五级——杰出。

（2）第四级——优秀。

（3）第三级——良好。

（4）第二级——及格。

（5）第一级——不合格。

【管理微博】 杰克·韦尔奇认为：“年终时，我们所衡量的并非是否实现了目标，而是与前一年的成绩相比，在排除环境变化因素的情况下，是否有显著的成长与进步。”

7. 用人不要光看考核表

用人一定要全面，考核也不能坚持死板的教条。优秀的领导者在用人上既看重考核表上的工作量统计，也注重员工在实际工作中是否热情、是否有团队精神。

(1) 注意了解下属的特点。

十个下属十个样，有的工作起来干净利落，有的则谨慎小心。因此，具体的考核要结合下属的个性特点。

(2) 考核要结合具体的工作表现。

领导者应该实际观察，给予下属适当的工作，再从他的工作过程中观察他的处事态度、速度、准确性、成果，如此才可以真正测出下属的潜能。

(3) 在分派任务中考核。

一件需要迅速处理的工作，可以交给动作快速的下级，然后再由那些做事谨慎的下级加以审核。分配工作，看员工能否顺利完成，也是考核的有效方法。

【管理微博】 通过精神状态、团结协作等个性化的、细节的东西，才能让纸上的考核表活起来，形成对人才全面、立体的评判。这是领导者需要牢牢把握的一点。

8. 绩效面谈：头脑要冷心要热

进行一次成功的面谈，最好先设置一个具体的程序。掌握了这个流程，而后才能拿捏分寸，实现双方的默契。

（1）确定面谈时间和场所。

时间和场所一定要恰当，最好是由你与员工协议商定。

（2）集中资料。

将所有原始资料、表格归纳整理后，放入文件夹，以备面谈时随手可得，而不必中断或无所根据。

（3）计划"开场白"和采取的方式。

可以先谈他的优点，再进入需要改进的地方；由员工发表对评价的意见与看法，然后由你向员工逐渐解释疑点；直接由你引出评价结果，征求员工的意见。

（4）计划面谈收场。

在收场之前一定要将改进计划与具体行动在已达成共识的基础上，再向员工重复清楚。最后，制成具体行动安排，一式两份，与员工共同关注绩效的提高。

【管理微博】 一次成功的面谈会使员工因为与你的这次会面，发现了自身的优点与存在的问题，开始努力了，也许将面谈所达成的改进计划准备付诸行动了。

9. 员工只做即将检查的事

在一个公司里，一个不争的事实是人总是有惰性的。公司依据价值观制定出的员工行为规范及各项管理制度，只靠倡导不行，必须加以严格考核，让员工有一种紧迫感，从而把管理规范变成员工的一种自觉。

（1）监督和检查是一个公司真正把执行落到实处的关键的一环。

（2）不论在大公司还是在小公司，公司的监督检查机制的作用都是非同小可的。

（3）最重要的是要以本公司的战略为核心，制定人性化的能够将公司领导人的建议和期望转化成当事人可执行的行动措施的监督检查系统。

【管理微博】 管理界有一句名言："人们不会做你希望的，人们只会做你监督和检查的。"任何一个方法都必须有人监督以促使其有效贯彻。

10. 把收入和业绩挂钩

作为留住人才的策略，收益分享是一种出色的方案。员工对实现成功的承诺增强了，对最终酬劳的期望也得到保证。

(1) 重奖有成就的人。

对有成就的人，要论功行赏。领导者应该清楚认识到物质的需要是一个人的最基本的生活需要，并善于充分利用人的这种需要，"收买"人心。

立大功的人要给予充分的物质刺激，千万不要只停留于精神鼓励，不要只给开白条，更不可过河拆桥，滥杀功臣，这样搞得人人心寒，公司一旦失去人心，覆灭就是必然的。

(2) 严格遵守薪酬激励制度。

谈到工作业绩，公司应该制定一套内部薪酬制度。有些工作，只要员工做到了，并且制度上有相应的薪酬激励规定，公司都应该按时给予物质上的报酬。

领导者要让员工感到自己的付出与所得是对等的，并且在组织内是公正的。员工的薪水必须具有竞争性，即要依据员工的实际贡献来确定其报酬。

【管理微博】 只要环境条件适宜，属下的才能自然就会生根发芽、开花结果。要使管理工作进入"自动化"快车道，最根本的一点是把收入和业绩挂钩。

11. 关注人的实际贡献

作为领导者，一定要关注公司员工的实际贡献，具体可做到以下几点：

（1）把评估建立在翔实可靠的资料上。

在对某些事情或个人进行评估之前，部门主管必须具备翔实可靠的资料，全面回顾过去一段时间的工作情况，并且明确自己的态度，保持警惕，不让个人感情影响评估的公正性。

（2）掌握考核实质贡献的标尺。

考核实质贡献时应注意两个重要的尺度：第一个是实际完成工作的质与量；第二个是对组织的无形贡献，包括对公司的认同态度、责任感、与其他人员的配合度等。

（3）客观公正让员工最服气。

客观公正的评估，让员工服气，有助于他们检查工作中的疏漏，改进工作方法，从而真正提升工作效率和效益。这是考核的真正价值所在。

【管理微博】 有些领导因为不十分了解其员工，所以不想因把某人评为优秀或顽劣而招惹麻烦。因此，他们把每个人都评价为一般。这种做法其实是不负责任的表现。

12. 人才测评的五个技巧

（1）测评前，领导者要提供测评的客观公正的标准。

这些标准必须客观公正，对所有员工一视同仁，不受主管个人好恶影响。确立了标准，就有了测评的基础。

（2）测评前准备好所有的原始管理记录。

测评报告是所有工作的总结，有了这些记录，就为测评提供了丰富的感性的参照物，测评就有了科学性，同时也能叫员工对测评结果心服口服。

（3）测评前还要留出充分的时间反复思考。

将部属一年的工作在脑子里过过“电影”，不要匆匆忙忙的，然后就可以写书面测评报告了。

（4）测评报告向员工公布。

测评报告如果不向员工公布，就起不到激励、沟通的作用，所以还是开诚布公的好。

（5）向部属宣布测评报告。

要采取一种完全平等的态度，和员工一起研究讨论测评内容，一起制订改进的目标、计划，耐心倾听部属的申辩、说明、解释，并就如何协助部属改进工作做出具体的承诺。

【管理微博】 测评后可以通过测评是否提高了员工的士气、员工是否清楚地了解了自己的优点和不足、员工对未来是否有明确的目标这三方面来检查测评的效果。

13. 做好关键员工的管理

防范关键员工的流失，重点在于做好关键员工的日常管理。在具体方式和方法上，更强调有针对性、有创意的管理。

（1）关键员工队伍的规划。

对关键员工进行整体、系统的战略性规划，从而为关键员工的有效管理打下良好基础。

（2）关键员工的文化管理。

公司文化对于关键员工的管理重点在于公司战略目标与关键员工的个人

发展目标。

（3）关键员工队伍的激励。

这主要从两个方面入手，即关键员工的绩效管理和薪酬管理。

（4）关键员工队伍的开发。

其重点在于素质开发，高素质是高绩效的基本前提。

【管理微博】 公司能否保持稳定健康的发展，关键要看骨干人员的素质是否能够满足公司发展的需要，所以领导者一定要做好关键员工的管理工作。

14. 建立激励计划并执行下去

建立一个激励计划，是对员工进行激励行动的前奏，而激励计划的宣传与管理工作则是使该计划达到预期效果的有力保障。

（1）使整个计划的实施有一个激动人心的开端。

（2）让你手下的负责人切实了解计划的规则，清楚该计划对他们提出的要求。

（3）必要时，可以请重要领导人出席计划开始执行时的“造声势”活动以及完成后的发奖活动。

（4）在计划执行期间，要对整个计划的实施实行监测，并提供相关的报告。

（5）计划目标实现之后，一定要找一个适当的时间及时开一个隆重的庆功宴会或总结表彰会。

【管理微博】 建立一个激励计划，是对员工进行激励的保证。具体来说，需要满足下面这些条件：具体、有限期、具备经济性、简洁生动、有弹性、有侧重。

15. 升迁过快会产生副作用

论资排辈选拔干将，只能压制人才。但是，领导者随意打破常规提拔员工，或者升迁的速度太快，也会产生很多弊端。

(1) 无从考察业绩。

考察能人的德、能、勤、绩，应以业绩为主。如果升迁太快，便无从下手。

(2) 不利于员工成长。

有的员工因升迁太快，没有足够积累知识和经验的时间，也缺少认同度，不利于他们成长。

(3) 给工作带来危害。

升迁过快，来不及掌握、积累工作经验就频繁调换岗位，员工的劳动技能、事业心、责任心都无法培养，会严重危害工作。

(4) 助长职务上的攀比之风。

有心当官、无心干事，在一个台阶上还没有站稳，就想“挪挪窝”，这样的人根本无心干好工作。

【管理微博】 升迁太快，对工作、对本人都没好处。对年轻的干部要有适当的过渡培养阶段，不要破坏逐级晋升的人事管理原则。

16. 五个人的活，三个人干

公司提高效率的原则是：用最少的人办最多的事。有时候人浮于事，就需要“裁员”。这涉及公司人员、机构等方面的问题，不能一蹴而就。为此，要着重解决好下面两个问题。

（1）精简的目的一定要实现公司整体优化。

只有整体优化，才能形成富有活力和创造力的新的命运共同体，才能促进公司结构的合理化和公司效能的发挥，才能获得公司最佳效益。

（2）科学地妥善地安排好各类人员。

坚决精减多余的人员，变“三个人的活五个人来干，三个人的饭五个人来吃”为“五个人的活三个人干，五个人的饭三个人吃”，真正提高公司效率，提高经济效益。

【管理微博】 有时候庞大的人力支持，会给公司带来沉重的负担。这时候，领导者就要下定决心精减人员，淘汰那些效率低下的冗员，让组织保持高效。

17. 解雇“鸡肋式人物”

“鸡肋式人物”通常工作努力，善解人意，甚至在公司有很好的口碑，但是他们在工作中却屡屡犯错，经多次提醒仍不见起色。对于这样的人，解雇起来是需要勇气的。

（1）委婉解雇。

如果你觉得解雇别人太冷酷无情，或有碍于情面，那就选择一种令对方易于接受的方式，委婉地劝他们离开。

（2）强硬解雇。

制度不容情，当感情渗入工作时，最好当机立断，不为感情左右。对那些难缠的人，可以着手办理解雇手续，不讲情面。

【管理微博】 “鸡肋式人物”的存在，会导致公司工作无法按时完成，降低整个团队的战斗力。因此，从长远来看，领导者对他们不能心慈手软，而要以工作大局为重。

18. 及时解雇不称职的员工

面对不称职的员工，领导者万万不可心慈手软，“炒鱿鱼”时手不要哆嗦，一定要坚决果断。其方法策略也要十分讲究，软硬兼施是上策。

⑴ 让他完成诱人可“期”的艰巨任务。

⑵ 给忠诚的员工一次机会。

⑶ 有意让别人“挖”走他们。

⑷ 暗示他们被辞退，体面解雇。

⑸ 隐蔽的降级。

【管理微博】 在解雇员工之前，要先给他几次警告，让他明确知道自己行为不合标准。然后在某次会见的时候，指明他的行为仍不合格，将面临被解雇的危险。

第八章

先有品质，后有品牌：

有质量未必成功，没质量一定失败

品质是最伟大的力量。没有好的品质，就没有市场，企业也就无法生存。要想在激烈的市场竞争中，赢得更广阔的市场和更长远的发展，领导者就必须想方设法提升产品的品质，打响质量保卫战。公司需要的是具有敬业精神、对公司高度忠诚、敢于承担责任、业绩优秀的员工，这样公司的发展才能蒸蒸日上。

1.“质量”是公司的生命

美国著名质量管理专家朱兰博士说过：“提高经济效益的巨大潜力隐藏在产品的质量中。”产品质量，在保证顾客满意的同时，是不是也有其固有的指标呢？答案是肯定的。一般而言，下列几个标准是消费者首选的标准。

（1）安全性。

安全是消费者对产品质量最基本的要求。很难想象刹车容易失灵的汽车会得到消费者的青睐。

（2）新颖性。

喜新厌旧似乎是人类的特点之一，新颖性能带给消费者美好的视觉体验。

（3）耐用性。

消费者一般都比较实际，比较容易选用耐用的产品。当然耐用性要有一定尺度，如制造出来的价格昂贵能穿多年不坏的皮鞋不一定能赢得多少消费者。

【管理微博】 质量就是生命，是赢得客户信任的基本砝码，有了质量，才能占有市场份额，实施名牌战略，占有优势地位。质量关乎着一个公司的发展，一个行业的兴衰。

2. 从源头打好质量保卫战

对公司来说，产品质量应该从源头抓起。所谓源头，即从进厂的那一刻算起，要检测进厂的零件、物料等，从源头打好质量保卫战。

真正做到从源头抓起，领导者要做好产品的源头追溯工作，确保每一件产品都能查到源头，找到负责人。

(1) 要对进厂零件进行质量检测，进厂零件的质量检验包括对如下项目的检验：检验项目、参考图号、检验方法、检验设备等。根据检验结果，对“几个厂商名单”加以总结，就能确定零件供应厂商的资质，为日后生产采购打下基础。

(2) 要对进厂物料进行质量检验，根据物料名称、物料编号，列出进厂物料的检验项目、检验方法、检验标准编号、抽样办法、及格标准、不及格处置方法。其中抽样办法、及格标准是质量检验的关键。

【管理微博】 作为公司管理者，要把握好采购部门、生产部门的责任传递，从源头打好质量保卫战。

3. 追求从数量型向质量型转变

重视产品和服务的质量，而不是为了追逐利润而单纯求数量，这是提升公司竞争力、做大做强的不二法门。

阿里巴巴总裁马云说过：“没有品质做保证，冲得快，死得更快。”

(1) 把质量做实。

质量，容不得一丝马虎。在质量上偷奸耍滑，注定吃大亏。先把质量抓好，踏踏实实做好产品，而后再追求数量，才有意义、有价值。

(2) 质量是基础。

一些公司取得了一定成绩以后，就开始求快，追求立即见效的经营策略，有的痴迷于风险投资、资本运营，结果，许多公司尽管完成了规模扩张、大规模并购，甚至完成了公司上市，但是公司的产品和服务质量没有跟上，最后真正成功者寥寥无几。

【管理微博】 公司经营活动千头万绪，错综复杂，但是，有一件事情是可以确定的：公司应该从单纯地追求数量向追求质量转变。

4. “一把手”对品质负有主要责任

许多时候，产品行不行，做得是否到位，“一把手”负有主要责任。为此，领导者要抓好“一把手工程”，从如下三个方面负起领导之责、管理之责。

(1) 高品质态度。

老板首先要树立高品质的态度，在品质管理过程中，一定要做到高要求，要克服“差不多”的想法，时刻坚持“高品质”的态度。

(2) 高品质理念。

在经营理念上，老板也要树立“高品质”的正确理念，以“高品质”来赢得消费者的青睐和市场竞争力。

(3) 高品质教育。

为了使基层员工也能够以“高品质”的原则要求自身的生产行为，领导者要对全体员工进行高品质的教育工作，同时自己也要及时学习高品质管理知识。

【管理微博】 企业的领导者是一个企业最鲜明的“旗帜”，只有他所指的方向正确，企业的经营才会正确，在品质管理上也是一样，领导者作为“一把手”要对品质负主要责任。

5. 事后控制不如事前控制

中国公司以事后控制为主，经营效果较差；美国公司以事中控制为多见，经营效果较好；日本公司以事前控制见长，效果最好。在这一点上公司管理者应该向日本公司学习，做好以下两点：

(1) 对下属的考核应该保持清醒的头脑，不要忽视那些真正为企业做贡献的默默无闻的职员，而是应该给他们记头功。

(2) 管理后勤保障部门就是保证经营部门和整个公司组织的有序高效运转，为公司正常的运转提供稳定优良的平台，为公司创造一个优良的内部环境和外部环境。

总之，对于一名管理者来说，最重要的莫过于能做出正确的判断，采取相应的措施，防患于未然。

【管理微博】 事后控制不如事前控制，可惜大多数管理者没能体会到这一点，等到错误的决策造成了重大的损失才寻求弥补。只是到时候是亡羊补牢，为时已晚。

6. 进行全面质量管理

公司的质量管理不是孤立的，从原材料的购置到产品投放市场，每一个环节都存在着质量管理的工作。质量管理无时不有，无处不在。

(1) 建立健全规章制度。

要有针对性地建立健全与质量管理有直接关系的产品生产制度、检验制度等。公司的管理制度不在多，在于精，严格管理是保证质量的前提。

(2) 把关质量管理的最初环节——原材料进厂。

如果原材料进厂这一检验关没有把握好，此后的全部流程都是在无质量保证的定式下“瞎忙”，所以，质量要从公司的采购部门抓起。

(3) 健全公司质量检验的岗位责任制。

健全公司要在每个出厂产品上打上标签，记载检验员的代号、生产工人的代号。如果出了问题，一目了然。

【管理微博】 “全面质量”，不仅指产品服务质量，还包括了工作质量。用工作质量来保证产品或服务质量。它强调“好的质量是设计、制造出来的，而不是检验出来的”。

7. 建立一套严密的生产标准

产品品质是一种核心竞争力，是消费者和客户埋单的基础。公司领导者者要学会灵活使用生产标准，在提升产品质量上不遗余力。

(1) 产品质量特性一般以定量表示，例如强度、硬度、化学成分等；对于难以直接定量表示的，如舒适、灵敏、操作方便等，则通过产品和零部件的试验研究，确定若干技术参数，以间接定量反映产品质量特性。

(2) 在产品质量标准表上，会列出“产品质量尺寸表”，包括“说明”“尺寸容差”等数据统计。

(3) 报表通常会列出“不良原因分析”，这是对产品质量标准改进的意见和建议，是从技术角度进行的科学分析。

【管理微博】 不同的标准，会带来不同的产品品质。为此，公司管理者可以制定更高的目标，建立严密的生产标准，保障产品质量。

8. 不放松生产环节的检验

保证产品质量，不能放松生产环节的检验。只有生产过程中严格执行检验标准，从整个产业链的每一个细小环节入手，才能实实在在地确保高品质。

检测管理的价值在于维护好质量，具体表现在下面两点：

(1) 确保生产原料的质量，避免多余工序积压资金，要建立严格的生产过程检验标准，生产工序严密，产品才能合格。

(2) 为高品质的产品保驾护航。在生产过程中，对各道工序的来料进行检验、交接、处理的时候，都要做到严格把关。

【管理微博】 质量管理能力是领导者带领公司进行生产、经营等指挥和控制的前提。没有这种能力的人是难有所作为的，甚至会葬送公司的前程；相反，较高超的质量管理能力是公司生产高质量产品的有力武器。

9. 抓好“现场质量管理”

生产现场是影响产品质量 5M 要素（即人员、机器、材料、方法、测量）的集中点，搞好现场质量管理可以使公司增加产量，降低消耗，提高经济效益。进行现场质量管理要注意以下几个方面：

(1) 根据生产现场的实际需要设置管理点，重点控制生产工序关键部位，保证生产工序处于稳定的控制状态。

(2) 做好生产现场的质量检测工作，设置生产工序自检员，制定自检和互检制度，使自检与专职检验密切结合起来，把好“第一道工序”的质量关。

(3) 加强现场信息管理，随时掌握生产原料、工序在制品和产品质量以及工作质量的现状，进行质量状况的综合统计分析，防患于未然。

【管理微博】 生产现场质量管理是形成质量产品的第一道关，跳过了它，就会出现劣质产品。把现场质量管理作为第一位，这是生产现场质量保证体系的核心，也是保证工序质量的一种好方法。

10. 三大缺陷制约质量管理

公司管理者在进行质量管理时，首先要清楚中国企业质量管理存在的缺陷，只有这样，才能有的放矢。中国企业质量管理缺陷主要表现为：

⑴ 质量业绩管理体系残缺，质量管理的内驱力不足。

如果把质量管理组织体系比喻成质量管理的“硬件”，则质量业绩管理体系就是相应的“软件”，没有该软件的驱动，质量管理组织体系这个“硬件”就只能是空壳子。

⑵ 质量改进活动体系不健全，质量管理的提升作用不强。

质量改进活动体系是不断打破企业质量现实实现水平的上限，促进企业质量实现水平的实际提升。

⑶ 质量管理和业务体系缺乏紧密融合，质量管理的根基不深。

质量管理体系必须牢牢结合业务管理体系，将质量管理工作根植在实际的业务开展过程之中。

【管理微博】 质量管理直接决定着质量的优劣，因此对企业的命运也是生死攸关的环节。高效的质量管理会让产品的品质有一个质的飞跃，同时，也是对企业做大做强的一个基底。

11. 保证客户无可挑剔

挑剔的客户是推动企业发展的不竭动力。在经营企业的过程中，能够做到让客户无可挑剔则是最为杰出的企业。那么该怎样保证客户的满意呢？

⑴ 保证及时是高产品和服务的质量，确保社会声誉。如果我们的产品和服务在社会中形成了良好的口碑，具有较好的社会声誉，那么与客户形成良好关系就是自然而然的事了。

⑵ 努力构建宽松便捷的沟通平台，充分尊重和听取客户的合理建议，认真接纳，以求发展。良好的沟通是形成良好稳定关系的有效途径。

⑶ 真正树立“全心全意为客户服务”的经营意识，永远将客户的切身利益放在首位，将“客户就是上帝”的宗旨进行到底。

【管理微博】 质量是要经过市场和消费者认可的，客户就是上帝，一旦确保客户对产品无可挑剔，就能保证产品的优质了。

12.“良心”是“真正品质”

“良心”是“真正品质”，公司要始终如一地追求这一理念，为顾客提供快速的服务、舒适的环境以及品质优良、价格合理的产品。

“良心”是真正品质的经营思想，它可以概括为五点：

(1) 对待工作有强烈的责任感。

(2) 面向市场，永远着眼于市场的变化。

(3) 顾客至上，敏锐地感觉到顾客需要。

(4) 尊重人，发挥员工的个性，团结一致。

(5) 打破现状，创造具有挑战与革新精神的风气。

【管理微博】 把公司做好，必须用良心，以负责的态度努力创造高品质的产品或服务。做到最好，公司必然赢得市场的青睐，而不会再有亏欠的道理。

13. 千方百计提升服务质量

产品质量除了具体的指标以外，服务质量也是产品质量的重要组成部分。服务做不好也会使公司亏损，不会获得消费者的认可和好评。提升服务质量赢得市场和用户信赖的关键有三点：

(1) 服务从细节出发，突出细节作用，任何一个高效率高品质的企业都在于每个人、每个部门的“细节服务意识”上。

(2) 把售后服务的质量提上来，进行产品质量跟踪服务，用户用得放心。

(3) 做好顾客投诉接待与处理，把顾客投诉视为宝贵资源，才能形成更强的竞争力和更好的品牌效应。

【管理微博】 一个公司不仅要在质量上把关，还要以完善的服务体系为基础，并在这个基础上不断更新，永无止境地追求高品质。

14. 认识 ISO 9000 系列标准

ISO 9000 即为合格评定，合格评定就是认证。ISO 9000 系列标准能给公司带来很多好处。主要表现在：

(1) 强化品质管理，提高公司效益；增强客户信心，扩大市场份额。

(2) 获得了国际贸易“通行证”，消除了国际贸易壁垒。获得认证是消除世界贸易组织各成员国之间技术壁垒的主要途径。

(3) 实行 ISO 9000 国际标准化的品质管理，可以稳定地提高产品品质，使公司在产品品质竞争中立于不败之地。

【管理微博】 如今国际竞争激烈，作为公司管理者，认识并采用 ISO 9000 系列标准是必要的。它也是公司生产高质量产品的有力武器。

15. 先有品质，后有品牌

品牌首先体现在产品的质量上。没有好的品质作为支撑，再好听、再上口的名字也都是空中楼阁、海市蜃楼。领导者可以通过以下三点来提升品质，塑造品牌：

(1) 提升门店的市场竞争实力。

在坚持发展单一业态模式下，对门店进行区分，准确定位设定旗舰店、标准店、社区店和专业门店，并依据不同标准进行差异化的经营，服务不同的目标消费群体。

（2）优质服务不打折扣。

价格优势要建立在“向服务要竞争力”的基础上，公司发展的基础是优质服务的保证。

（3）坚持店铺数量和质量双重领先。

在世界零售行业，店铺数量超过 1000 家的企业，其销售额与店铺面积成正比。公司管理者不仅要走扩张的道路，还必须重视整体质量的提升，从两方面积极塑造品牌的价值。

【管理微博】 质量就是生命，效益决定发展，在竞争激烈的市场上，质量是赢得客户信任的基本砝码，有了质量，才能占有市场份额，实施名牌战略，占有优势地位。

16. 给品牌准确的市场定位

希望集团创始人之一刘永炬说：“品牌有没有市场定位非常重要，你的品牌总要让一个群体来喜欢。我们要根据产品所满足的这个群体来设计定位，品牌要和消费市场的人群对接。”那么，应该怎样给品牌进行正确的市场定位呢？

（1）低端品牌，沟通定位需要更低。

此类消费人群可以是底层的“打工一族”，连他们都能买得起的产品，性价比绝对没得说。

（2）中高端品牌，沟通定位需要走高。

此类目标群体，更注重品牌的情感体验，更愿意为品牌附加价值埋单。

（3）超级品牌，沟通定位着重人性的释放。

此类群体无须通过他人的肯定来展现成功，反而更追求自我的率真。

【管理微博】 在市场上做品牌，是要讲定位的。市场定位要快，品牌定位要准，消费者定位要狠，沟通定位却要根据实际情况“能屈能伸”。

17. 通过资本运营加速品牌成长

美国著名投资专家沃伦·巴菲特说：“产业运作是加法，而资本运营是乘法。”通过资本运营而非传统的体制性成长，可以加速品牌成长步伐。主要会产生下面两个结果：

(1) 公司品牌成为复合品牌。

这种复合性的公司品牌策略或是出于有意为之的战略性并购目的，或是为达成并购所能作出的阻力最小的决定。复合性品牌结构将使新公司的注意力聚焦于细分市场，其规模化优势与品牌叠加效应将强化专业服务的竞争力。

(2) 产品品牌成为矩阵品牌。

成为矩阵品牌后会覆盖国内市场的不同消费层，而且在国际市场上也具有相当的竞争力，整个公司的市场规模会随之倍增。

【管理微博】 公司要善用资本运营驱动，以金融倍增的形式增加资金、商品和资产的流动，使得品牌资产随之水涨船高。

第九章

决胜销售，引爆业绩：

基于市场行情制定销售策略

世界级的管理大师汤姆·彼得士说：“任何成功，都是销售的成功。可以说，几乎找不到一个不懂销售的成功者。如果你也想创业，那么一定要精通销售攻心术！”一个领导者要想开辟渠道，引爆业绩，就一定要擅长寻找市场的真空点、薄弱点，基于市场行情制定销售策略。

1. 建立自己的“顾客网”

美国汽车推销大王乔·吉拉德有一个著名的250定律：每一个人的生活圈子里都有一些比较亲近、关系比较密切的熟人与朋友，而这些人大概有250个。

对老板来说，这250人正是你的顾客网的基础，是你的财富。那么如何建立起一张良好的顾客网呢？

（1）将顾客组织化。

将所有顾客集合组织起来，举办一些参观名胜古迹、搭车游览、听演讲等活动，借此机会，还可以出动公司里的高级管理人员和顾客联络感情。

（2）与顾客成为知心朋友。

朋友间是无话不说的。如果你与顾客成了知心朋友，那么他可能会和你一起谈他的朋友、他的顾客，这样你将又有新的顾客出现。

【管理微博】 当你建立起一个良好的顾客网，并能驾驭这张网良性运作时，你就会眼看着顾客的钱涌进你的口袋。

2. 搞清楚客户为什么抱怨

做销售这一行，免不了面对客户的抱怨，“打太极”的方法治标不治本，更聪明的做法是搞懂客户为什么抱怨，并予以解决。

（1）仔细聆听客户的抱怨。

用关怀的眼神看着客户，冷静地聆听其发泄心中的不满。在听的过程中把对方的谈话做个整理，这样既有助于了解客户抱怨的缘由，又能缓解客户的情绪，避免冲突的发生。

(2) 迅速处理客户的抱怨。

处理客户抱怨不要拖延，应该先积极表达处理的诚意，再立即处理问题。这样有助于安抚客户的情绪，求得客户的理解。

(3) 处理后询问客户意见。

问题处理后一定要再跟客户联系，确认其对处理结果是否满意。这样做一方面可以了解自己的补救措施是否有救，另一方面也能加深客户受尊重的感觉。

【管理微博】 学会聪明处理客户的抱怨，赢得客户的信任和口碑，才能逐渐完成从优秀到卓越的转变。

3. 永远不要小看你的客户

三十年河东，三十年河西，小人物也有咸鱼翻身的那一天。所以，任何时候，都别小看你的客户，哪怕他目前的实力不及你的十分之一。

(1) 待人接物一视同仁。

无论生活中，还是工作中，你都应该诚恳待人，不摆架子，丝毫不要有其他大老板的高傲作风。做生意的确是为了赚钱，但是金钱绝对不是万能的，从尊重、信任出发建立关系、发展业务，会让你赢得贵人的赏识。

(2) 对客户有一颗包容心。

有些老板总是碰壁，回头看看自己走过的路才发现，自己在一些事情上太斤斤计较了，少了一分包容心。

【管理微博】 人性至深的本质，在于渴望获得尊重。如果经商者遵循了这条法则，就会赢得无数朋友和恰当的利益；一旦违反了这条法则，就会遇到很多麻烦。

4. 拜访客户要有作秀的功夫

在销售行业，“表现”是万能的，但是“作秀”在销售中却不是万能的。当然，适当的作秀，也是销售员拥有客户的一种不可缺少的销售理念。

(1) 销售人员必须有“作秀”的功夫。

“作秀”是为了有力的沟通，使自己的专业素养及各方面更好地展现在客户面前，也更有利于实现自己的销售目标。

(2) “作秀”就是一种“眼球效应”。

作秀就如同演戏，不管如何演，都是给别人观看的。当然了，演得好就能吸引更多人的眼球。同样，销售人员的推销方式也就是眼球效应，谁能在第一时间以自己的特殊方式吸引人的眼球，谁就能在销售行业领先一步。

【管理微博】 俗话说：“生命不息，作秀不止。”作为推销人员，必须懂得作秀，只有通过作秀抓住客户的眼球，才能激起客户潜在的购买欲望。

5. 找到志同道合的业务伙伴

供应商和销售商之间建立联盟的过程是艰巨而漫长的，那么怎样找到适合自己的合作伙伴呢?

(1) 瞄准中小供应商。

中小供应商敢于冒险，不会放弃任何有利于自身发展的机会，他们看到了公司的未来与发展前途，并随着公司的成长而成长。

(2) 把供应商研究透。

如何从供应商那里得到最低的价格，维持最低的成本、最高的技术、最激昂的士气，是领导者要仔细琢磨的关键点。

(3) 用利润鼓励供应商提供优质产品。

这一点，麦当劳做得非常成功。它把一些分散的毫不相干的中小供应商团结在麦当劳的旗帜下，成为连竞争者都不得不承认是最有效率、有组织、有改进意愿的供应商。

【管理微博】 渠道的构建不是一件简单的事情，涉及许多环节，领导者一定要慎重选择，挑选出最适合自己的那些供应商。

6. 挑选中间商“宁缺勿滥”

为什么公司有了更为简捷方便的直销方式，还需要寻找中间商进行合作呢？这主要是中间商有着公司无法比拟的优点：

(1) 中间商通常有较多的专业销售人员。

(2) 中间商同时代理多个品牌，顾客多，销售机会大。

(3) 中间商有广泛的社会关系和销售网络，更能促使商品销售。

(4) 通过中间商可能比公司自有推销队伍更能取得好的销售业绩。

市场中各中间商的特性与功能不尽相同，公司必须根据目标明确可以完成任务的中间商。

【管理微博】 作为企业领导者，必须对中间商的特征提出严格的要求。本着“宁缺勿滥”的原则，要对应征者进行考评：中间商信誉、中间商的实力、中间商产品销售组合、预期合作程度。

7. 先拜山头，再找代理商

当你确定了比较理想的代理商之后，你就应该去拜访一些与代理商选择有关的机构或人，他们会给你带来诸多的方便。这些机构或人主要有以下几种：

⑴ 贸易机构。

贸易促进机构可以通过其派驻国内外的业务人员对代理商进行广泛调查，据此向你提交有意承揽业务的合适的代理商的清单及其业务经营状况、商业信誉，并预测你在选择代理商之后的市场前景。

⑵ 商展。

参加同类产品的商展可以得到和杰出代理商接触的机会。这些代理商中相当一部分会到会场上来寻觅新的产品以谋求代理资格，你可以看看你的竞争者出什么样的价钱、什么样的条件，再找一个合适的代理商。

⑶ 有关的报社、杂志社和出版社。

通过这些公司，你可以刊登广告，说明你欲觅代理商的意向、要求、佣金等。而且这些出版物发行量越大、权威性越高，对你的广告效果也就越明显。

【管理微博】 无论你采用什么途径和方法，你总会知道一些可能的代理商的名字和联系方式。接下来的事情就是用书信或者电话的方式进行联系，并向对方介绍你自己的情况。

8. 零售商是公司的形象代言人

零售商直接面向市场，与顾客进行面对面的交流。因此，他们代表着公司的产品质量和形象。零售商按其经营特征可分为五种类型。

(1) 一般商店。

这类零售商店备有种类繁多的日用必需品供顾客选购。由于商品种类齐全，因此具有刺激顾客购买的功能。

(2) 专业商店。

这种商店出售的商品带有相关性。在同一类的商品拥有系列化产品，规格齐全，便于顾客选购。

(3) 街头摊贩。

街头摊贩属于个体小本经营的零售商。

(4) 百货公司。

百货公司是零售业最早出现的销售形式。它拥有各种类型的商品，一般规模较大，是零售业中的重要组成部分。

(5) 超级市场。

这是目前广为流行的一种业态，凭借选择自由、环境舒适等特点，深受广大顾客欢迎。

【管理微博】 零售商处在行销渠道的出口位置，直接与顾客见面。因此，它不仅是零售商，还是公司的形象代言人，它的服务、信誉都将对你的产品产生极大的影响。

9. 如何让渠道商为你卖命

为了让自己的渠道业绩更好，企业领导者可以制定一些鼓励渠道商的措施，激发他们的热情。从商业角度来看，这也是一种互惠互利。比如：

(1) 物质鼓励。

比如让利，让对方感受到你的诚意和共享精神，更容易让其为你卖力。

（2）精神鼓励。

可以进行感情交流，使渠道商得到心理上的安慰和满足，树立起尊重感和集体成员感。

（3）提供信息。

比如通信、发送期刊，要保持信息传递的不间断性。

（4）提供援助。

比如提供便利的付款条件，缓解对方的资金压力，容易激发对方的热情。

（5）建立亲密的共事关系。

把生产者的需要与中间商的需要结合起来。

【管理微博】 企业领导者应根据每个渠道商的具体表现和市场变化情况，经常对销售渠道予以调整和改进。

10. 分销渠道建设不贪大

有的领导者认为，公司拥有一个庞大的渠道就拥有了一切。其实，这些领导者过分夸大了中国市场分销体系落后和不健全的事实，以及经销商的目光短浅和短期行为。

（1）看到自建渠道的危险性。

在超市、大卖场等新的零售业态迅速崛起的情况下，跳过经销商，自己建设庞大的驻外销售机构和销售队伍，存在很大危险。

（2）庞大的销售队伍有时候是一种负担。

国内一些经营很成功的公司，在降低营销成本方面都走了一定的弯路，海尔营销队伍 20000 人，乐百氏营销人员 8000 多人，TCL 有 7000 人。稍不注意，庞大的销售队伍就成了公司的沉重包袱。

【管理微博】 作为企业领导者，公司分销渠道建设不能贪大，一定要根据公司自身实力、规模和市场特点，整合自身优势资源和社会分销体系、经销商分销体系，建立一个适合自身的高效分销渠道。

11. 准确把握营销渠道

在市场营销理论中，有三个营销渠道的概念需要弄清楚，这是做好营销、打造渠道建设的关键。

（1）营销渠道。

营销渠道是指配合、生产、分销和消费某一生产者的商品和劳务的公司和个人。如供应商、生产者、中间商、代理中间商、辅助商以及最终消费者或用户。

（2）分销渠道。

分销渠道是指某种商品和劳务从生产者向消费者转移的过程中，取得这种商品和劳务的所有权转移的公司和个人。因此，分销渠道包括商品中间商和代理中间商，还有生产者和消费者。

（3）营销网络。

营销网络是由营销网点、网线、网员、网流所构成的相互交织的、触一点动全网的信息共享、风险共担、利益共享的公司组织和个人结成的营销共同体。

【管理微博】 无论是哪种营销途径，管理者必须牢记这些途径应如何布局与设计，才能使公司的产品销售成本最低或最合适。

12. 选择合理的渠道结构

合适的营销渠道结构，不但能降低成本，还能最大程度上促进销售。对营销渠道结构进行选择时，要考虑以下几个问题：

（1）直接渠道与间接渠道的选择。

如果公司能够自行解决产销矛盾，可考虑直接营销渠道。相反，公司如无法自行解决，或解决所付出的代价太大，就应该考虑利用中间商。

（2）中间商的选择。

选择什么样的中间商一般取决于产品的市场形象、市场风险和中间商的实力。

（3）营销渠道宽窄的选择。

即选择密集分销、分销还是独家分销。此时的决策主要应考虑产品的特性，是属于日用品还是属于选购品、豪华品。购买越频繁的产品越应该增加中间商的数量。

【管理微博】 营销渠道的结构，可以分为长度结构、宽度结构以及广度结构三种类型。所以经营者在选择时一定要合情合理。

13. 设计分销渠道的要点

设计分销渠道，需要考虑下面几个因素：

（1）目标顾客特征。

对顾客需要什么、什么时候需要、为什么需要以及怎样购买等问题的回答，可用来决定产品到达顾客手中的途径、顾客数量的多少以及集散程度。

（2）竞争对手状况。

公司既可使用与竞争对手相同的分销渠道，也可使用与竞争对手不同的分销渠道。

（3）渠道成本。

渠道成本包括维持销售活动的一切费用，评价分销渠道成本的基本原则是：用最少的分销成本达到预期的销售目标。

（4）覆盖范围。

覆盖范围通常可以用公司产品的市场覆盖率来表述。覆盖率并非越大越好，主要看所覆盖范围是否能给公司带来较好的经济效益。

【管理微博】 公司要想使自己的产品打入市场，必须正确地进行分销渠道的设计，有利的市场加上有利的渠道，公司才能以较少的花费取得较多的利润。

14. 人脉决定财脉，人缘就是财缘

商界流传着一句话：人脉决定财脉。许多时候，只要有了人，生意就好做了。有了人缘，产品才受欢迎；有了人气，才能聚集销量。

（1）人脉可以网罗商机。

有的人为什么总能第一时间掌握商机？因为他们在各个领域都有“自己人”。比如，某位朋友会在适当的时候，把适合你发展的最新的重要信息告诉你，你可以据此调整经营战略和方式，抢先占领市场。

（2）人脉意味着无处不在的方便和支持。

有了人脉关系，生意就会灵活、方便，各个环节畅通无阻，就会带给你机遇、利益和帮助，虽然它不是金钱，却胜似金钱；不是资产，却形同资产。

【管理微博】 细心观察那些成功的企业领导者，你会惊奇地发现，他们不仅是赚钱的高手，更是人际关系的艺术家。良好的人际关系对于商人有着特殊的意义，那是他成功的重要因素。

15. 别在长期合作伙伴面前伪装

面对自己的长期合作伙伴，老板们更要放下伪装，把真诚的一面展现给对方。

(1) 让客户看到你的忠诚、义气。

一个公司的开始意味着一个良好的信誉的开始，有了信誉，自然就会有财路，这是必须具备的商业道德。

(2) 别在客户面前夸夸其谈。

想在客户面前获得信任，让对方认可自己，最好的办法就是用事实说话。每次见到客户，就大谈自己的“光辉历史”，这不但会泄露你的老底，也会增加客户对你的厌恶。

(3) 别用借口来伪装自己。

答应客户的事情，一定千方百计做到。如果过多考虑自己的利益，而寻找借口，损害客户的利益，即使你伪装得再高妙，也无法让客户信服。

【管理微博】 进入某个行业，需要跟客户建立长期、稳定的合作关系。如果清楚自己要在这个行业里一直混口饭吃，那就千万别伪装自己。

16. 稳住客源的六大妙招

如何稳住客源，对领导者来说是一门很深的学问。如果说有什么窍门的话，那你不妨把握以下几招：

(1) 准确把握可以带来利润的顾客。

有针对性地界定顾客群，就可以把公司的营销资源集中在最有可能的潜在顾客市场，从而在经营上下功夫。

（2）强调最大限度地增加顾客价值。

公司应该比竞争对手更清楚自己所选择的顾客最看重什么，是产品或服务的特色和质量，还是价格。

（3）精明强干的营销。

拥有市场的公司会以长远眼光看待顾客。公司对新老顾客一视同仁，从而加强对顾客的渗透力，如可以交叉销售新产品。

【管理微博】 顾客认为过去得到的是高品质产品和可靠的服务，往往会相信新的产品和服务也会有同样结果。可见，稳住客源是十分必要的。

17. 售后不好，顾客全跑

无数商业实践表明，商业销售应注意售后服务质量。具体来说，售后服务包括下列内容：

（1）送货服务。

对购买质量较大、体积庞大的商品和路途较远的商品，或是一次购物数量较多的客户、公司或直销商必须提供送货上门服务项目。

（2）实行“三包”服务。

“三包”，即包修、包换、包退，是现代直销公司服务项目中最基本的服务承诺，也是争取客户、取得更大销售成绩的有效方法之一。

（3）安装服务。

消费者购买一些大宗耐用性商品，许多时候会有安装的需要。公司提供优质的安装服务，会让消费者感觉到便利，增加对公司的依赖性。

（4）建立顾客档案。

顾客在购买商品后，使用中经常会遇到一些问题，公司应建立顾客档案，掌握顾客的使用情况，为顾客提供指导及商品咨询服务。

【管理微博】 市场规律是铁定的规律，谁能在服务上下功夫，赢得顾客的心，谁就能赢得市场，赢得良好的销售业绩。

18. 产品上前线，物流是关键

作为企业领导者，一定要抓好公司的物流管理，其中最重要的是利用物流公司通过合法渠道把货发给客户。这种发货流程包括下列要点：

(1) 物流配送中心根据客户的发货指令视库存情况做相应的配送处理。

(2) 根据配送计划系统自动地进行车辆、人员、物资出库处理。

(3) 根据系统的安排结果按实际情况进行人工调整。

(4) 承运人凭运货清单到仓库提货，仓库那头做相应的出库处理。

(5) 装车完毕后，根据所送客户数打印出相应的送货单。

(6) 车辆运输途中可通过 GPS（全球定位系统）车辆定位系统随时监控，并做到信息及时沟通。

(7) 在货物到达目的地后，经收货方确认后，凭回单向物流配送中心确认。

(8) 产生所有需要的统计分析数据和财务结算，并产生应收款与应付款。

【管理微博】 把产品送到客户手中，最重要的就是物流。老板一定要严把发货流程，确保顺利准时送货给客户。

第十章

做事，做市，做势：

跟对趋势才能掌握财势

商界流传着一句话：“三流公司做事，二流公司做市，一流公司做势。”做生意，最聪明的手段就是在市场中审时度势、顺势而为。商业的本质就是“营势”“谋势”。只有善于谋势的商人，才能执市场之牛耳，花小钱办大事。

1. 对市场的理解很重要

提到小公司的核心竞争力，许多人往往想到核心技术、人力资源，忽视了“市场”这一根本因素。

(1) 领导者对市场的理解永远是第一位的。

只有针对市场需要开发深受大众欢迎的产品，才能取得良好的预期效果。“市场”比“技术”更能决定一个公司的成败。

(2) 在市场中找到自己的“蓝海”。

市场是广大的，甚至看不到边际。但是，无论市场环境如何，领导者都要带领队伍找到属于自己的“蓝海”，建立独一无二的营销模式。

【管理微博】 深刻理解市场，其实就是给自己找到准确的市场定位。领导者要清楚界定公司的优势与劣势，对公司的未来发展有明确的规划。

2. 没有一个行业会一直好下去

在纷繁复杂的市场环境中，没有一个行业会一直好下去。生意人要居安思危，洞悉社会动态，否则就会被社会淘汰。

(1) 适时进行战略转移。

做生意是为了赚钱，要想把生意做大，需在不同的时期把握不同的商机，而不应死守自己一手创立、发展起来但已前景黯淡的生意不肯割舍。

(2) 肯用心思去思考未来。

商场充满了不确定性，今天赚得盆满钵满，明天就可能没饭吃。领导者必须学会用心思去思考未来，这样成功的概率会比失败的大，且能抓住重大趋势，赚得巨利，从而成为大赢家。

【管理微博】 领导者必须要有敏锐的眼光，能洞察到未来发展的趋势，可以在市场机会到来时将自己准备好的产品推入市场，获得领先优势。

3. 市场要“抢”不能“让”

对于营销来说，抢占市场是关键步骤，能够占领市场的公司，才能真正获得巨大收益。

（1）抢市场。

即看准市场需求，凭借技术创新，不断提高产品科技含量，或依托资源优势，做到人无我有，人有我多，或力求质量取胜，向质量要效益。

（2）让市场。

是一种开门揖客的做法，先把自己的市场拱手让给别人，力求依托自身优势与外界的资金、技术优势实现互利，以资源换技术、以产权换资金、以存量换增量、以市场换项目，从而在更大范围内实现生产要素的合理流动与配置，形成新的生产力。然后则是借梯上楼，占领更多市场份额。

【管理微博】 在激烈的市场竞争中，抢与让并不一定界限分明。领导者要认清抢市场与让市场的关系，做到在市场上进退自如，才能赢得主动。

4. 市场失灵了怎么办

公司想要发展，就离不开一个稳定的市场，可市场不是万能的，由于信息不对称等原因的存在，市场经常会出现失灵的现象，从而爆发金融危机。因此解决市场失灵需要系统性的解决方案：

(1) 不能单纯依靠投资者和投资机构自我的约束力，要加强监管体系。

(2) 全球金融监管体制面临革新需求。当前，经济、金融一体化使得各国金融市场相关性加强，某一市场失灵将会殃及全球市场。为保证国内利益与国际市场需求的一致，便需要国际间的协作与协调。

(3) 政府要负起责任，采取有效措施干预市场，恢复市场参与主体的信心。

【管理微博】 与市场这只“看不见的手”相比，政府干预就是一只“看得见的手”。当“看不见的手”失灵的时候，通过“看得见的手”来进行矫正，当然是最有效的。

5. 宏观调控及其手段

当市场出现失灵时，各国政府都会进行直接或间接的干预，而宏观调控就是最常用的一种手段。其具体手段主要有：

(1) 法律手段。

法律手段是指国家通过制定和运用经济法规来调节经济活动的手段。

(2) 经济手段。

经济手段是指国家运用经济政策和计划，通过对经济利益的调整来影响和调节经济活动的措施。主要方法有对财政政策和货币政策的调整，制订和实施经济发展规划、计划等，对经济活动进行引导。

（3）行政手段。

行政手段是指国家通过行政机构，采取带强制性的行政命令、指示、规定等措施，来调节和管理经济，如利用工商、商检、卫生检疫、海关等部门禁止或限制某些商品的生产与流通。

【管理微博】 宏观调控在维护市场秩序、促进经济正常运行等方面具有非常重要的作用。特别是在出现经济危机或市场秩序混乱的情况下。

6. 谁消费我的产品，我就要把他研究透

中国营销之王史玉柱说："我有一个习惯，谁消费我的产品，我就要把他研究透。"史玉柱认为，专注地研究消费者，是他的最大优势之一。

（1）获得最有价值的一手信息离不开勤奋。

每次启动一个新市场，史玉柱都亲自跑遍当地所有药店，去跟他的"上帝"们交流。勤奋敬业，让史玉柱拥有了发言权，对营销的把握很到位。

（2）管理好团队中的营销人员。

做好市场营销，不能凭借老板一个人的力量。把自己的营销理念灌输给下属，并督促他们做好执行，往往更重要。

【管理微博】 史玉柱说："营销是没有专家的，唯一的专家就是消费者。你要搞好策划方案，你就要去了解消费者。"

7. 引导消费者的使用习惯

引导消费者的习惯，让他们对你的产品形成依赖，目的就是要让他们形成连续消费。那么如何做到这一点呢？

（1）让消费者看到、听到。

这个层面的品牌大部分都是通过公司一个单一角度传播出来的产品信息，他们往往把所有的益处与利益，用夸张的描述传达给消费者，然后让消费者去想象，去体会，去迎合。

（2）让消费者去体验。

消费者带着品牌传播出来的种种梦幻要素去实际体验这种场景，大部分消费者在消费时，会体验到公司宣传时的品牌意境，见到实质产品时，就会忘却公司在传播品牌时的灿烂景象，并迷惑其中被热情地消费。

（3）让消费者爱上你的品牌。

当消费者有了第一次消费和第二次消费时，如果与品牌传播的幻境差别不大，功能口味又符合喜好，这就会形成连续消费。这时起核心作用的就是品牌的联想，也就是品牌的幻象。

【管理微博】 要让消费者对你的品牌产生依赖，商家必须维护好品牌的质量、服务，消费者的购买习惯才可能持续下去。

8. 用统计数据读懂客户

今天，用数据挖掘、建立客户档案不再停留在梦想阶段。除了建立信息档案外，管理者要重视信息的利用，得出有价值的商业情报，进而获得客户信息。

（1）各类数据的收集。

数据可分为初级数据和次级数据。初级数据主要是指直接从顾客那里获得的数据。次级数据是经过别人收集，并且已经被加工整理过的数据。

（2）各类数据的分析和信息的提取。

在该阶段，主要是将收集来的各种数据运用先进的统计技术与计算机技术，对其进行分类处理，然后在强有力的软件支持的条件下，得出科学的结论。

（3）数据与信息的使用。

公司可以根据数据信息以及多类消费者的共同特点，将专用某品牌产品的一组消费者作为营销目标对象。

【管理微博】 领导者要学会用数据读懂客户，从中获得有价值的商业情报，为决策提供依据。

9. 打造高素质促销员队伍

促销成功的关键在于促销人员，选好促销人员等于营销成功了一半。选聘到高素质的促销人员后，公司还要对其进行必要培训。培训的主要内容有以下几个方面：

（1）促销态度。

促销成功最关键的要素是对促销要有一个正确的态度，需要有一种勤奋肯干、勇于冒险、不断进取的精神。

（2）产品和技术知识。

掌握公司所生产的产品品种、基本生产过程、用途、价格、包装、使用方法、产品的技术性能和指标等各种知识。

（3）市场知识。

对市场行情、竞争程度、需求趋势、地区特点、竞争对手的基本情况有较为深入的了解。

（4）促销技巧。

促销技巧包括如何发现顾客，如何处理人际关系，如何克服心理和技术障碍，如何与顾客保持联系，等等。

【管理微博】 新推销员在上岗前，领导者至少要对其进行以上4项基本知识的培训。还有很多实战的技巧，就需要他们在推销过程中慢慢总结经验了。

10. 快鱼吃慢鱼，领先者最强

约翰·钱伯斯说："现代公司发展，不是大鱼吃小鱼，而是快鱼吃慢鱼。"一个公司的速度越快，那么它的竞争力就会越强。那么，在商海中怎样做一条"快鱼"呢？

（1）要善于抓住时机，一旦时机成熟，就要迅速采取行动，发挥自身优势果断出击、先人一步，就能以最快的速度进入"无人竞争"的差异化市场，取得令大公司骄傲的业绩。

（2）建立起快速的反应机制，对瞬息万变的市场做出快速应对和准确把握，有的放矢地进行市场战略规划和部署，有选择地采取攻防战略，并快于竞争对手做出变化反应。

（3）克服盲目膨胀的心理，避免无端增大运营成本、降低办公效率，走出"做大"的误区。

【管理微博】 商业环境早已发生了翻天覆地的变化，公司要想在群"鱼"中立于不败之地，首先应"快鱼吃慢鱼"，其实就是"抢先战略"。

11. 一定要看清财势的走向

做生意讲究财运，运气来了，什么都好说。真正精明的企业领导者善于从长计议，为未来打算，看清财势的走向再做决定。财势的变动，一般取决于三个方面：

（1）行业变化。

公司自身的经营方向和规模大小是一切的基准，无论市场有多大，吃不下无法获利，不考虑市场潜力，吃不饱就要亏本。

（2）市场变化。

某些商品原来销售情况良好，现在忽然疲软、卖不动了；或是过去没人买，现在突然抢手了。预先了解到这种情况，就可以预见到市场行情的变化。

（3）政策变化。

政府根据某种情况，对某种商品提出了调控政策，必然引起市场变化，掌握了这些方面的变化因素，就能为进一步预测行情做好准备。

【管理微博】 作为企业领导者，一定要看清财势的走向。谁提前预测了发展趋势，预先站了位，谁就占领了制高点，后来的其他人就不容易做了。

12. 借势、造势成就大买卖

公司处在不同发展阶段，谋势的重点又有所不同。通常，初级阶段要"造势"，通过"造势"做成大买卖，关键要把握好下面几个原则：

(1) 判断所处行业是否为初级市场。

初级市场有三个特点：进入门槛低，强势品牌不多，而且领先品牌更替非常快。这样你就可以采取有针对性的对策，通过“造势”脱颖而出。

(2) 利用好社会资源。

做生意不能忽视各种社会资源。通常，它的范围无限广，力量无限大，可以让人一夜成名，可以让一个公司转瞬日进万金。

(3) 整合资源，集中发力。

面对市场上无数产品，竞争可谓激烈。想要通过造势取得成功，一定要整合有限的资源，集中发力。

(4) 用拳头产品带动全局。

在商场里建立自己的产品优势，需要选择一个关键点，这往往是公司的核心产品（产品系列），在此基础上，开展后续活动，才能真正奠定胜利的基础。

【管理微博】 商界流传着一句话：三流公司做事，二流公司做市，一流公司做势。做生意，最聪明的手段就是在市场中审时度势、顺势而为。

13. 大势不好未必你不好

经过对中国经济的研究后，就不难发现，中国的大多数公司都是在对市场的混沌认识之下发展起来的。在大势不好的情况下，总有一些公司用自己的才智、胆识逆势崛起。

(1) 大势不好，是有针对性的。

大势不好，原因是多方面的，比如盲目追捧和投资导致市场饱和、产品做烂，比如业界的浮躁导致盲目跟风、产品趋同。但是，总有一些公司，没有加入这个怪圈，因此在自己的领域内做得有声有色。

(2) 垮掉的公司会敲响警钟。

大势不好，一大批公司倒闭，不但不是冬天的来临，反而有利于行业的良性发展。因为正是这些公司的倒闭，给众多盲目的人们敲响了警钟，使公司能够更清楚更透彻地看待这个问题，正是这些公司的倒闭，结束了行业浮夸成风、鱼龙混杂的局面，目前活下来的都是比较有实力的，市场秩序更好一些。

【管理微博】 看形势能及时地把握时事的动向，抢占先机。小生意看的是常态，你做我也做；大生意看的是趋势，领先者必胜。

14. 脑子里要装着世界地图

今天，我们已经走进了一个全球化时代，面临着与以往任何时候都不一样的市场环境和竞争态势。用全球化思维做生意，是当代商人的必然选择。

(1) 商人有国籍，生意无疆界。

在国际贸易中，独特的地域性资源、廉价的劳动力成本、新颖的创造性设计、令人信服的商品质量和独一无二的服务，都能产生比较价值和比较优势。

(2) 利用全球资源做生意。

便捷的通信和交通手段，让商人如虎添翼，顺应全球化发展趋势，整合全球资源，做的是名副其实的大买卖。在商者无域的背景下，成功经营必须在全球范围内调动资源，整合力量，长袖善舞。

【管理微博】 中国商人已经到了需要放眼全球的时候了，已经到了需要创立世界名牌的时候了。谁能成为先觉者，高瞻远瞩，先行一步，谁就能在21世纪成为中国商界的佼佼者。

15. 关注世界最新技术的发展

公司开发、利用高新技术，可以独享超额利润，从而在商业竞争中立于不败之地。一般来说，高新技术属于知识、技术、资本和信息密集的新兴技术，以下三类现代先进技术值得企业领导者重视：

(1) 现代尖端技术和前沿技术，即在整个行业内处于领先水平的技术，比如装备制造技术、新能源技术。

(2) 发展中的新兴高新技术，即在近期内有产业化前景的新兴技术，比如激光、遗传工程等。

(3) 已经成熟并已进入产业化阶段的高新技术，比如与改造传统产业相关的高新技术。

【管理微博】 当今的社会是头脑竞争的年代，越来越多的竞争压力使领导者认识到只埋头做生意是不行的，还要关注技术方面的最新进展。

16. 关心时代的宏观大势

与十年前相比，现在是大公司通吃的时代，小公司的机会已经不多了。的确，当许多巨无霸公司启动扩张战略的时候，小公司只能面临两种命运：一是被消灭，遭遇市场淘汰；二是被收购，丧失成长的机会。

但是，总有一些小公司最终成了大公司，甚至是伟大的公司。究其原因，最根本的一点是它们把握住了时代的大趋势，并从中发现需求，再找到满足需求的办法。

因此，从管理、经营公司之初，领导者就要放宽眼界，关心时代的宏观大势，从中发现成长机会。其实，今天的大公司都是从昨天的小公司发展而来的，它们最初也是不起眼的小微企业，只不过在时代潮流的裹挟下产生了颠覆格局、改变生活的力量，一步步成长为大公司。

【管理微博】 在经济繁荣时代，遍地都是随手可得的需求，你只要想办法去满足它，就能赚得盆满钵满；而在经济减速时，需求包裹上了厚厚的外壳，要发现它并不那么容易。

17. 永远别跟趋势对着干

许多时候，我们无法知道未来的每一项经济政策，无法知道每一个消费者的未来购买行为，无法知道每个竞争对手会在未来的时间里采取什么样的举措，但是不能因此放弃把握趋势的努力。

（1）发现趋势的苗头。

掌握趋势就是掌握未来，掌握发展的机会。当一种趋势苗头初现时，能够发现并且把握住，就是真的英雄。

（2）把握好政治趋势。

经商不能不看政治风云。一个小气候的经营很难逸出大气候的规范。对一个公司的领导者来说，重要的是能够把握大气候，在此基础上改善自己的小环境，顺势而为。

（3）让计划赶上变化。

绝大多数商业计划都建立在对未来假设的基础上，这种假设通常是不准确的，所以导致错误的决策。因此，人们经常抱怨：计划赶不上变化。

【管理微博】 未来不可准确预见，但趋势可以把握。作为企业领导者，重要的工作是要从战略上把握未来发展的大趋势。大生意做趋势，中生意看形势，小生意看态势。

18. 加强对经济学的了解

管理好一家公司，离不开对经济学知识的掌握和了解。经营者学好经济学，有助于公司发展，减少不必要的损失。但是，人们对经济学还有一些误解：

（1）经济学是无用的。

许多人认为经济学是无用的理论，都是骗人的。其实，任何国家的经济都在遵循着经济学规律发展，经济学指导着社会经济的发展。

（2）经济学只研究大的经济。

很多人不学习经济学，因为他们认为经济学都是那些比较大的经济发展问题，应该是国家领导人考虑的问题，其实不然，再小的公司也要用得到经济学。

（3）经济学只与商业有关。

经济学不仅研究商业活动，还与生活、情感息息相关，因为在人们的生活中，经济学无处不在。

【管理微博】　作为公司的管理者不仅要学好经济学，更要把它运用到实际工作中。

第十一章

公司人脉管理课：

从原则和人性出发处理问题

关系是一种资源，也是一种无形资产，无论是公司还是个人，平时都应建立关系储备，不要等用的时候再临时抱佛脚，去找关系，那就来不及了。才华横溢、经验丰富或技术过人固然不错，但真正能让公司超越别人、成功制胜的，却是它的关系网络。

1. 经营公司其实就是经营关系

经营一家公司，领导者要把握好下面几种关系，才能吃得开，化解掉种种难题。它们是：

(1) 大客户。

(2) 原料与材料供应单位。

(3) 水利、电力部门。

(4) 工商管理部门。

(5) 税务部门。

(6) 银行。

另外有关政府部门、上级部门、统计部门、保险部门、街道等，也是不能忽视的。

【管理微博】 在现代市场经济条件下，一个公司的发展离不开良好的公共关系。客户、供应商、银行、税务部门等，都时刻左右着公司的生存状态。经营公司，首先要经营好各种关系。

2. 把关系理顺

由于一个领导者所处的立场、地位和观察问题的角度，与普通群众有明显不同，因此，在运用扬其所长的原则时，他们通常应该着重考虑下属的特长与自己的素质之间的搭配关系，这其中主要有：

(1) 叠加关系。

下属的特长与领导者的特长相同或接近，两者呈现和谐的叠加关系。遇到这种情况，领导者完全可以放心大胆地为下属寻找最能发挥其特长的合适工作，让他展其所长，放光发热。

（2）互补关系。

下属的特长，恰巧是领导者的短处，两者呈现紧密联系、互补余缺的互补关系。遇到这样的下属，正是领导者求之不得的，领导者理应将下属放在自己身边，让他作为自己的得力助手或智囊人物。

（3）相克关系。

下属的特长，尽管与领导者的特长相同或接近，但由于各种复杂的主客观原因，两者并未形成和谐的叠加关系，反而呈现出有你没我、有我没你的相克关系。领导者应该积极主动地采取缓解措施。尽力促使自己和下属的相克关系朝着叠加关系的方向转化。

（4）平行关系。

下属的特长，与总经理的特长属于不同的领域，两者既不能叠加，又不能互补，就像两条互不相关的平行线一样，各自朝着一定的方向发展。对于这种情况，领导者只需为下属提供方便条件，任其充分发挥特长就是了。

【管理微博】 领导者要注意切实了解员工的所长，并给予他相应的空间，这样才能为你的公司发挥最大的能量。

3. 策略可以改，关系不会变

在中国公司里，有的公司董事长大，有的公司老板大，但二者的关系很微妙。有的董事长与老板关系很好，也有的水火不容。

（1）关系意味着决定权。

在中国，人际关系永远是最主要的。所以，对合伙公司经营者来说，谁掌握了关系，谁就是有决定权的人。

(2) 关系跟着人走。

我们经常可以看到这样一种情形，做业务的苦心经营多年，得不到老板的物质回报，于是愤然离职，最后把业务关系，甚至骨干人员都带走了，结果让原来的公司元气大伤。为什么会这样，因为中国人做生意靠的是关系，就认你这个人。人走了，关系也就跟着没了。

(3) 维护来之不易的关系。

老板要始终维护、坚守彼此来之不易的关系，遇到矛盾的时候可以妥协、退让，非到万不得已，绝不能撕破脸。

【管理微博】 老板要处理好客户关系，善于透过经营关系经营好公司。灵活改变策略，而不伤害关系，是一个基本的行动准则。

4. 疏导洪水的管理哲学

作为领导者，一定要把握疏导洪水的哲学，掌握柔性管理艺术，在刚柔之间把握分寸。为此，领导者要做好以下三点：

(1) 合情合理。

决策如果不合理，甚至失去了人情味，人们就很难服从，也不会在心里认同你。所以，管人一定要合乎情理，让人能够接受。

(2) 保持弹性。

疏导洪水，就像打太极，要随形而制，掌握好弹性原则。具体到管人、用人上，领导者要时时考虑到人心、情势等变数，让自己的决策符合人们的心理预期，才能得到拥戴。

(3) 刚柔并济。

水是柔软的，洪水暴发的时候却可以摧枯拉朽，这就是刚柔相济。对领导者来说，必须看到下属刚柔并济的两面，才能在管理中疏导好、驾驭好下属。

【管理微博】 管人用人的最高境界就是顺势而动、借力用力，这种措施往往是最合理、最圆满、最有效的。

5. 违逆人性的东西不会长久

从人的本性来看，如果逆反人性就会遭到反抗。如果上级苛刻地对待下级，下级就不会服从上级管理；下级不服从管理时，上级只好用惩罚的手段来强迫下级服从，这样管理就复杂化了。

（1）多听听员工的意见。

公司制定规章制度、发布命令之前，要多听听员工的意见。据此做出决策，才能得到大多数人的认同。

（2）学习其他公司的成功经验。

成功的公司在管理上经受了时间的考验，往往符合人性规律，因此领导者要有拿来主义的精神，使其他公司的成功经验为我所用。

（3）老板要懂心理。

杰克·韦尔奇说：“作为公司的领导人，你可以不懂财务、不懂专业知识，但是你不能不懂心理学，否则就不会成为一名卓越的老板。”顺从人性，很大程度上是符合人的一般心理。

【管理微博】 领导者制定规章要符合人性，整个队伍才能获得持久发展的机会。

6. 把握团队的心理气氛

在一个积极向上的团队中，消极的成员常常会得到改变，而且团队也会形成健康、和睦的工作气氛，创造良好的社会心理气氛，并使团队获得较好的效能。概括起来，团队心理气氛的作用包括：

(1) 完善优化团队构成。

(2) 促进形成正确而有效的团队关系。

(3) 形成团队成员心理上的一致性。

(4) 用经过选择而形成的社会准则调节团队成员的行为。

(5) 解决团队成员间以及团队与领导之间的相互关系问题。

【管理微博】 一个团队的心理走向如何，决定着团队的成败。显然，一个具有积极心理的团体即使分配的任务十分艰巨，他们也能够较好地完成。

7. 把下属看作“圈里人”

员工渴望和公司紧密相连。他们希望和公司的关系不仅是一张工资单和福利待遇，希望深入到公司内部，最好成为“圈子内”的人。怎么知道公司已与员工们取得了这种密切联系呢？下面是一些明显的迹象：

(1) 和员工交谈时，对方能畅所欲言。没有沟通障碍、语言隔阂，表明双方的关系非同一般，在心理上也得到了彼此认同。

(2) 员工能及时知道有关本部门和公司的重大情况。通过掌握信息的速度和广度，员工能够判断自己是否被当作了“自己人”。

(3) 交流能使员工积极承担义务而不是仅仅服从指挥。员工如果感觉不到和公司心心相连，就不会竭尽全力。

【管理微博】 要想赢得员工的忠心，就要让他们成为“圈子内”的人，而这种结果的产生途径便是与他们多交流。

8. 与员工建立朋友式的关系

带领队伍稳扎稳打、步步为营，离不开互信、互助的团队。为此，领导者必须与员工建立和谐融洽的、朋友式的合作关系。

(1) 如何同员工建立起和谐融洽的关系，最好的办法是以朋友的身份与他们打交道，与下级平等相处。其实，任何一个人走上创业之路，都离不开朋友的帮助和提携。

(2) 当队伍越来越大的时候，领导者还要和员工继续保持这种亲密关系。如果把每个员工都变成真心朋友，那么这家公司必然极具向心力，所向披靡。

【管理微博】 公司做大了，领导者的心态不能变，始终与每个员工和睦相处，建立朋友式的关系，才能得到拥戴，才能有权威。

9. 多用“我们”少用“我”

在这个世界上的大部分人，最关心的首先是他自己，领导者自然也不例外，常常“我”字当头。但是，下属关心的也是“我”，对老板的“我”不感兴趣，甚至反感。怎么办呢?

(1) 将“我”替换成“我们”。

在公司管理中，如何处理好说“我”与“我们”的技巧，这是问题的关键：在说“我”时，尽量多说“我们”，扩大可以包含的范围。

(2) “我们”代表了员工与领导者共同的意志。

在很多利益上，领导者与下属是根本一致的，所不同的是，“我们”把下属的“我”都包括进去了，代表了下属的意志，就能使下属高兴，卖力地干活，就能赢得他们的理解与支持。

（3）做个聪明的管理者。

当遇到整体性的情况，遇到代表多数员工的意思时，身为领导都应该说“我们”，而不能只是一味地说“我”，这是得不偿失的，也不是一个聪明的管理者所为。

【管理微博】 对一个领导者来说，少说“我”，多说“我们”，能获得更多的心理认同，彼此拉近心与心的距离，所以这是一种充满人情味的有效管理之道。

10. 克服沟通中的心理障碍

李嘉诚曾无数次提到：“懂管理不如懂心理，了解员工的心才能更好地把握他们的人。”提高沟通能力，首先就要克服沟通中的心理障碍：

（1）认知不当导致沟通障碍。

老板评价一个员工，不能只看第一印象，更不能看短期的表现，要注重对方的长期实践，关注人的成长性。

（2）情感失控导致沟通障碍。

人总是带着某种情感状态参加沟通活动的。领导者发布命令的时候，必须注意员工情绪状态是否良好。

（3）态度欠妥导致沟通障碍。

态度是人对某种对象的相对稳定的心理倾向。除认知成分、情感成分外，态度还包括行为成分。今天，员工绩效的大小不仅仅与能力、才华有关，更与态度紧密相连。

【管理微博】 一个沟通能力蹩脚的老板，注定领导力不强、信息能力弱化，在管理上也会捉襟见肘。先做个沟通高手，才能是个管理能手。

11. 对个性强的人因势利导

每个公司都有个性很鲜明的员工，对待这些人，领导者应该：

（1）避其锋芒，因势利导。

遇到个性很强、颇难驾驭的员工，你不要以势压人，故意给他个下马威，而应该避其锋芒，因势利导，选择最适当的时机进行教化。

（2）瞄准个性，提供舞台。

员工的个性是一种本性，如果运用得当能够充分发挥内在的潜能，创造高绩效。为此，领导者必须熟知员工个性，为他们提供合适的岗位。

（3）把握个性，给予关照。

公司领导者在决定聘用某个员工时就应该注意发现其个性，并据此进行培训，安排合适的岗位。需要指出的是，刚入职的员工在业务、心理等方面往往不成熟，领导者应该尽量给予“关照”，帮助他们成长。

【管理微博】 有一个能表现个性的工作环境，员工做起事来也会倍觉驾轻就熟。

12. 警惕“一山二虎斗”

“一山难容二虎”，说的是在一个地盘上两个都有本事的人很难有默契合作的机会。能人多了，就会出现如何相处的问题。

（1）领导者要学会掌控能人。

作为公司的领导者会这么认为：整个公司只需要一个世界、一个梦想、一个声音、一个领袖。而能人有着自己的见解与主张，不容易被掌控，反而容易吸引追随者，然后另立山头。

(2) 防止业务能手“窝里斗”。

公司里的业务能手多了，势必会产生竞争。良性的竞争对公司发展来说，是好事。但是，如果大家钩心斗角，暗里算计，那么最后倒霉的就是领导者了。因此，防止“窝里斗”，不让整个团队产生内耗，是小公司的领导者要面对的重要问题。

【管理微博】 能人多的地方容易搞斗争，能人相争两败俱伤，中国式能人的一个信条就是一山不容二虎。

13. 处理好新老员工之间的冲突

在公司治理过程中，“人事冲突”从来都是无法回避的一个话题。面对新员工与老员工发生冲突，领导者要做到下面两点：

(1) 加强“新人”的力量。

大量优秀人才的同时进入，可以使改革势力形成一个团队，在面对保守势力的攻击时可以互相支持；可以使一个经营状况严重滞后的公司在短时间内就上两个新台阶。

(2) 领导者的态度要坚决，立场要坚定。

这种激烈的冲突中，“旧人”开始逐渐放弃自己过去的观念和工作方式，转而向“新人”学习；而“新人”在冲突中也会逐渐认识到私营公司的局限性，开始改变最初那种急躁的工作方式，慢慢拉“旧人”一把，让他们与自己一道前进。

【管理微博】 当新员工与老员工产生冲突时，领导者务必要静下心来，发现问题的症结，找到解决的途径。

14. 关心下属的个人问题

员工是公司的血液，领导者一定要关心他们的个人问题。

（1）珍视员工求教个人问题。

当员工为他个人的问题来向你求教时，这说明他信任你、敬重你。这时候，不管是哪方面的问题，你都要耐心倾听，请不要打断对方的谈话或把他打发走。

（2）多关心员工的生活。

假如一个员工今天气色不好，你就要问问他有什么不舒服。如果他请假去照料他生病的妻子，那么当他来上班时，就要问问他妻子康复了没有。这种日常的关怀，最容易让对方感动。

（3）为员工解除后顾之忧。

有的员工因为孩子、父母等家事困扰，无法安心工作，结果影响了业绩。对此，领导者应该留意员工家庭生活，在力所能及的范围内帮助他们解除后顾之忧。

【管理微博】 员工的个人问题是私事，上班是公事。两者看似矛盾，其实紧密相连。领导者要关心员工，不让他们因为个人问题影响工作。

15. 把合作过的人都变成朋友

如何让生意来找你？那就要靠朋友。如何结交朋友？那就要善待他人，充分考虑到照顾对方的利益。与朋友一起做生意，实现双赢的目标，有三点最重要，它们是：

(1) 与别人合伙做生意，要坚持“共享共荣”。

(2) 既要互惠互利，更要共渡难关。

(3) 财散人聚，善于分享的商人更能做成大买卖。

【管理微博】 想赢得更多合作伙伴，把生意做大，你必须老实做人，善于在合作中吃亏。在商业竞争中，最成功的做法是与朋友合作，主动吃亏，既使对方有利可图，又能在合作中壮大自己。

16. 尊重对方意见，但要找后账

一位领导者在谈到自己的管理心得时这样说：“对于难以避免的个别失误，要和管理层‘找后账’，反思这一次的问题出在哪里。相对放权，绝不意味着放手让他们‘试错’。”

仔细分析不难发现，这样做的好处有两点：

(1) 员工得到尊重，更能卖力做事。

员工得到尊重，往往能获得主人翁的地位，在工作中积极实现自我价值，从而充分发挥人力资源的应有价值。这种无须管理就能带来的益处，需要领导者谨记。

(2) 尊重不等于盲从，“监管”很重要。

在尊重下属的这一点上，也要有一定的“度”。如果下属在某一件事情上明显地说错了、做错了，领导者一定要向他们“讨个说法”。这样做不但让他们意识到自己的不足，还能及时纠正存在的错误，必不可少。

【管理微博】 工作中，领导者必须尊重员工的意见，哪怕是错误的观点。这样做能让他们充分表达，而后再指明其错误之处，就能轻易解决问题。

17. 向人性化管理要绩效

在中国的管理语境中，寓人治于法治，更符合大公司的实际情况。顺应人性的特点，领导者需要从三个方面入手，对员工进行管理：

（1）营造公司文化，利用文化规范行为。

海尔、微软、联想、IBM 等大公司都有自己独特的公司文化，由此它们致力于营造一种人性化的管理理念，帮助员工成长，给他们施展才华的空间。

（2）尊重人的本性，顺其自然加以引导。

在公司里，每名员工首先是一个追求自我发展和实现的个体人，然后才是一个从事工作有着职业分工的职业人。

（3）进行行为塑造，利用习惯进行管理。

那些关怀员工、对员工好、帮助员工达成目标的领导者，手下的员工大都能自我管理。这样的领导者同时管理五六十名员工，也不会出什么问题。有些领导者不过带五六名员工，麻烦却接二连三，就是不懂得帮助属下做好“自我管理”。

【管理微博】 管理者制定制度，但也明白所有制度都是死的，而人却是活的，必须“在制度许可的范围内，衡情论理”，然后再适当地调整，合理安排。

18. 千万别与新闻界对抗

由于新闻界的特殊地位，其对于做大公司规模有很大的推动作用，将媒体恰当地为我所用，就能占据舆论制高点，这就要求领导者做到：

（1）不要发表过激的言辞。

（2）报道会带来更多的报道。

（3）站在大多数人的立场。

（4）一个好的“钓钩”应该能用一两句话就说明白。

（5）要做好应付局促场面的准备。

（6）采取合作的态度。

【管理微博】 “水能载舟，亦能覆舟”，除非你有抵御一切风暴的勇气和能力，否则不要把这样的洪水引向公司——记住，新闻媒介代表的是公众，众怒不可犯。

19. 网络公关来不得半点马虎

网络作为新兴的大众媒体，深刻影响到公司的公共关系管理。显然，借助网络媒体做好公共关系，已经成为领导者的必修课。做好网络公关，首先要把握好以下三点：

（1）利用网络发布新闻公告。

公司在网上发布新闻公告时，应注意以下几点：一是及时发布新闻公告，二是网络媒体和传统媒体相互配合，三是建立广泛的网络媒体联络，四是加入其他公司的链接。

（2）加强交互式沟通。

公司在利用网络媒体与公众进行沟通时，应充分发挥这一优势，而公司网站正是实现交互式沟通的重要场所。

（3）创造网络舆论环境。

公司公关工作的一个基本方面就是分析舆论，有目的地推行自己的公共关系计划，创造良好的社会舆论范围，使公司在公众中树立良好形象。

【管理微博】 领导者要重视网络公关，善于利用网络公关，成为网络阵地上的意见领袖和受益人。

第十二章

搞通财务出利润：让投下的每一分钱都产生价值

经营公司，懂财务不一定行，但不懂财务肯定不行。常言道："搞通财务出利润。"商场上每天主要的工作就是和钱打交道，良好的账目制度、正常的现金流、熟知投资禁区和技巧等，这些都是你在商场上叱咤风云的坚强后盾。

1. 强化对资金的管理

有一句话说得好："搞通财务出利润。"财务管理的核心内容就是研究公司对资金的筹集、计划、使用和分配。应主要强化对资金的管理，需要在以下几个方面做好工作：

⑴ 加强资金的预算管理。

⑵ 为保证资金的高效周转，财务部门要对公司资金统一管理、集中调度、高效使用。

⑶ 协同公司用好资金，保证重点工程的需要，提高资金使用效率。

⑷ 在保障公司建设资金的供应时要紧密结合其特点，充分利用折旧资金来源并配合投资的回收期进行银行贷款，降低资金的使用成本。

⑸ 对临时性流动资产主要运用临时性负债筹集资金满足其资金需要，对于永久性流动资产和固定资产主要运用长期负债、自发性负债和权益资本满足其资金需要。

【管理微博】 公司管理要以财务管理为中心，财务管理则要以资金管理为中心。把手头的钱、银行的钱管好、用好，就是一件了不起的功劳。

2. 保持正常的现金流

要想加强现金管理保持正常的现金流，应从加强管理、预先防范上下工夫，具体来说可采用以下措施：

⑴ 在原材料供应淡季，争取从供方以打折后的价格进货。

⑵ 采取有效措施，控制和回收应收账款。

(3) 增添土地、建筑物和生产设备等固定资产时尽量采用租赁方式，减少现金支出。

(4) 严格控制原材料和成品的库存量，避免超额储备。

(5) 不将现金冻结在对近期利润增长没有多大作用的大额订单上。

(6) 减少微利产品的产量，控制对降低成本没有多大作用的订单数量。

(7) 预先准备好公司技术改造所需资金，以免临时挪用流动资金，影响正常生产。

【管理微博】 东方高圣投资顾问公司首席执行官陈明健说："就是要有充足的现金流，一方面要有经营上的现金流，更重要的是如何积聚资本的现金流，更多地通过各种方式和各种资本进行合作，来加强公司的实力。"

3. 设计好账目制度

一家成功的公司在财务上肯定有一套完整的账目制度，这是因为公司为了管理和评估之便，必须用数字统计所有能统计的事。建立账目制度能充分掌握公司的运行规律，保证公司健康有序的运行。

要想建立良好的账目制度应该从公司的共有账目入手，精明的经理会不断审查这些账目，有计划、有标准地做好管理。下面各项是每个公司共有的账目：

(1) 盈亏统计表。

(2) 决策表。

(3) 现金流转表。

(4) 预算表。

(5) 销售额表。

(6) 成本和价格分析表。

(7) 汇票。

【管理微博】 公司在选定好财务总监、财务经理、会计、出纳等财务人员之后，就要制定一整套完整的财务制度来管理、监督和发挥财务部门的作用。

4. 手头资金要用活

没钱的时候，找钱；有钱的时候，要会花钱。然而对于很多企业家来说，手头的资金多了，却不会花，用不活，这就是一个大麻烦。用活手头资金，需要必要的财务知识，也需要丰富的经营理念，还需要具备专业的投资理念，这样才能够把握市场的走势。

⑴ 在资金运用上，凡属资本性的开支，必须获得稳定可靠的资金来源。

⑵ 在公司运营过程中，要注意固定资产与长期债务保持合理的比率。

⑶ 流动资产与流动负债，要保持适当比率。

【管理微博】 一家公司要想把资金用活，把每一分钱都花在刀刃上，它的组织经营者就必须熟悉和精通金融业务，并且要树立起商品经济的投资意识，实行投资决策的科学化和民主化，才能获得事业的成功。

5. 保证公司不花“冤枉钱”

“借钱难，用钱更难。”公司要用好钱就要“把钱花在点子上”。这就要求现代公司的经营者在运用资金时，随时注意根据各种资金的性质、结构和营运的需要，合理分配，这些要注意以下三点：

⑴ 资金运用事关公司的存亡，一定要谨慎。原始积累时期的公司往往

体现出“一言堂”的组织形式，在财务上，管理者往往公私不分。

(2) 当公司面临管理升级的问题时，必然要进行产权分割，如何保护其他股东的利益将决定升级的目的是否能很好地实现。

(3) 建立规范透明（指对公司的股东）的财务制度，制定严密的资金使用流程，将体现出公司管理升级的决心。

【管理微博】 在财务规划上下足功夫，做足功课，公司的财务管理才算健康有序，即使涉及再大规模的资金调度，也不会花“冤枉钱”。

6. 把握投资的“商情”

在投资活动中，经营风险是投资者必须考察和分析的问题。投资者对一切可能影响投资收益的“风吹草动”都要给予密切关注。这样，当风险来临的时候，就能自由闪转腾挪，步步为营。

(1) 决策前准确判断市场行情。

投资前，必须科学决策，而科学决策的前提和基础是掌握全面、具体、详细的市场信息。

(2) 经营中能够审时度势，掌握市场环境。

任何一项投资的胜利，除了早期的预测外，还要求管理者在投资过程中能审时度势，充分掌握市场环境，进行必要的调整。

(3) 主动跟着市场“行情”走。

投资经营，不管你愿意不愿意，你都必须尊重市场规律，跟着“行情”走。

(4) 提早行动，掌握市场的主动权。

敌变我变，关键在于一个“先”字，你要比竞争对手更快变更、调整经营项目，才能掌握主动权，先发制人。

【管理微博】 商场上的情况瞬息万变，选择作战方向、制订作战方针以及实施作战计划都必须随变化而变化。一个出色的投资人，要把握好不断变化的“商情”，避免触碰商场暗礁。

7. 投资不能踩红线

投资有两个准绳，一个是市场的，一个是法律的。这两条红线都不能随意碰，如果碰了，就有大麻烦。从日常经营管理的角度看，设立公司应考虑和遵守下列法律法规：

（1）税务法规。

任何公司或其他经济组织都负有纳税的法定义务，无法逃避，公司纳税也是义不容辞的。

（2）财务法规。

财务法规主要是公司会计准则、财务通则和分行业的财务制度等。这是公司财务人员需要熟练掌握的法规。领导者要从他们那里获得决策支持。

（3）其他法规。

与创办公司投资活动有关的其他法规有许多，如各种证券法规、金融法规、结算法规、票据法规等。

【管理微博】 投资选项时就应该明确投资的各项法律法规，依法行事。由于影响投资活动的法规因素是纷繁复杂的。如何从中理出头绪，运用科学思维，也是正确投资的关键一环。

8. 投资前要调查摸底

没有调查就没有发言权，在制订投资计划之前，领导者要对投资所涉及的一些具体情况作深入的调查了解，这样才能使计划具有可实施性。具体需要注意：

（1）调查货源情况。

货源情况，对于商业投资者来说，是必须了解和考虑的重要因素。只有具备充足的资源，才能保证商业投资项目顺利竣工并投入使用。

（2）调查需求状况。

消费者的需求状况如何，直接决定着商业经营的好坏。可以进行下列方面的调查：需求总量调查、需求结构调查、需求季节调查、需求动机调查。

（3）调查竞争状况。

一般来说，需要了解的情况包括：竞争对手的数量、竞争对手的经营状况、竞争对手的劳动效率、竞争对手的优势和弱点以及潜在竞争对手等。

（4）商品销路的预测。

这是非常关键的一环，是投资前一项必不可少的准备工作。因为商业总是先买后卖，为卖而买。产品销路如何，直接关系到公司的经济效益。

【管理微博】 市场调查研究除了进行问卷、统计等科学调查外，领导者还要养成亲自到第一线调查的好习惯，通过实地调查克服主观上的偏见、臆想。

9. 避免投资规模过大带来财务紧张

为了使创办公司的投资者在决策时能够更好地选择战略方针，避免投资规模过大带来财务紧张。可以把投资战略归纳为如下几类：

（1）发展型投资。

发展型投资战略是投资者在现有水平上向更高一级迈进的战略，也是投资者广泛推行的战略。

（2）稳定型投资。

稳定型投资战略适用于稳定或下降行业中的公司。投资决策者要切实把握公司的优劣势，选准新的产品为投资对象。

（3）退却型投资。

这一战略多用于资源紧张、公司内部存在着重大问题、产品滞销、财务状况恶化以及公司规模不当等情况。其特点是，从现经营领域中抽出投资，减少产量，削减研究和销售人员。

【管理微博】 领导者要在分析市场、资源、资金的基础上，选择适当的投资规模，量力而行。

10. 认准“投资回报率”

在资本经营过程中，收益和风险是紧密相连的。在金融资本经营过程中，公司要尽力保护本金，增加收益，减少损失。这就要求各位公司投资人做到如下三点：

（1）公司在安排金融资本经营方案时，要实行组合投资经营，即将各种不同类型的金融资本运作方式合理搭配起来，以分散公司的投资经营风险。

（2）客观地评判自身承受风险能力的强弱，并据此制订适合公司实际情况的组合方案。

（3）充分地分散投资风险后，虽不太可能会遇上最坏的情况，但也不可能遇上最好的情况，而最有可能发生的情形就是不好也不坏，投资回报率非常接近平均数值，这就印证了这样一条规律：分散风险固然可以减少糟糕局面的出现，但是出现最好局面的可能性也被一同抹杀了。

【管理微博】 公司经营者可以通过降低销售成本，提高利润率；提高资产利用效率来提高投资回报率。

11. 短期财务报告里的秘密

短期报告是给公司管理者及时信息的内部报告。这不需要精确，只要比较准确就可以，但要相当快速，它有助于做出管理决策。

下面为各位使用短期报告提出几点建议，也许会发现它们很有用处：

（1）通常将周末的日期划掉，这样可以快速地做更多的与往年的相应星期的比较。因为每年的日期各不相同，但星期相同，所以比较时只比较星期，不比较日期。

（2）在星期下面画线，这是比较快速简捷的方法。

（3）有时在预算中做出供求比较的一栏，加速对当日情况的分析。

（4）有时在报告中做出每星期比较的百分比一栏，这样便能一览无余了。

【管理微博】 作为领导者，抓好短期财务报告制度，学会对公司财务信息进行即时分析，才能以更好的动态掌握财务机要。

12. 读懂报表，活用报表

财务报表的种类很多。大致可分为以下四类：

（1）经营状况报表。

如资产负债表、财务状况变动表、现金流量表、存货明细表和固定资产明细表等。这类报表主要反映公司的财产、资金状况。

（2）经营成果报表。

如损益表、利润分配表、商品销售利润明细表。它是反映公司经营成果及其分配情况的会计报表。

（3）费用成本报表。

如管理费用明细表、销售费用明细表、财务费用明细表、商品产品成本表和主要产品单位成本表。这类报表反映公司经营过程中各种费用和成本。

（4）业务收支报表。

主要包括主营业务收支明细表和营业外收支明细表，这类报表反映公司的经营业务收支和营业外收支情况。

【管理微博】 财务报表是公司运营的晴雨表，它可以直接反映出公司的运营情况，所以要想做一个成功的领导者，就需要培养自己读懂报表、活用报表，并且能迅速从财务数据中发现危机的能力。

13. 持续提升财务素养

公司有财务机构，领导者就要具备相应的财务素养，这样才能充分运用好各种资源优势，实现商业投资的科学性、前瞻性。

（1）了解微观经济学和宏观经济学。

公司是在一个大的经济环境中运营的，经济形势的好坏直接影响公司的盈利，所以领导者应该懂得政府的货币政策和财政政策及其对公司盈利的影响，掌握基本的市场运作、资源优化配置原理。

（2）与会计部门建立紧密关系。

会计账目是财务管理的基本信息来源，公司的一切活动、运营情况都通过会计账目来表现。领导者需要特别关心现金账，因为现金流动直接关系到投资与融资决策的可行性。

(3) 熟悉本公司产品的生产、销售方法与渠道。

公司产销状况的变化，会对现金流产生影响，也会引起领导者决策的改变。为此，熟悉本公司产品的生产、销售、渠道等状况，并掌握相应的统计方法，进行财务规划就会游刃有余。

【管理微博】 随着公司发展壮大，财务管理就显得越发重要了，它贯穿公司管理整个过程，是最核心的管理之一。

14. 设立一个精明的财务机构

设立一个精明的财务机构，对领导者是至关重要的。具体来说，设立财务机构时，要遵循以下两个原则。

(1) 必须赋予财务部门较大的权力。

财务部门必须具有相当大的职权，是一个独立运作的部门。财务部门有较大权力，它的工作就不会受其他部门干扰，它才能发挥独立的审计职能，其他各部门的工作绩效才能由财务部门来评价，受财务部门的监督和检验。

(2) 必须注意保持财务部门与其他生产、经营部门联系的顺畅性。

财务部门不能脱离其他各部门而独立存在，财务工作所需的各种经济数据完全来自于采购、制造、销售和劳动人事等部门的经济活动。因此，财务部门要能经常地反映这些部门业务活动的发生额。

【管理微博】 领导者的财务能力越强，就越能在商场上开疆扩土，建立自己的商业帝国。在成熟的市场经济环境里，领导者需要建立一个精明的财务机构，为自己出谋划策。

15. 让财务部门参与重大决策

现如今，财务部门在公司的重大决策过程中起着先遣队的作用。主要原因有三：

⑴ 公司重大的经营决策，要有财务负责人参加，并进行经济效益的论证。公司重要的投资、筹资项目，新业务的推出，科研开发，技术改造等重大举措，除进行技术上的论证以外，要把经济效益放在首要地位加以评析，并以此决定取舍。

⑵ 财务要改变过去的监督服务型管理为决策参与型管理，在此基础上建立新的财务管理思路，激励财务人员参与公司全过程的经营管理。

⑶ 通过财务管理，灵敏、综合地反映公司经营过程中的各种情况，提高公司适应市场变化、抵御市场风险的能力。

【管理微博】 领导者一定要意识到：若想在战略上抢占先机，就必须学会将数据变为信息，再由信息转化为知识，最后再由知识付诸行动。要知道，正确的决策大都来自众人的智能。

16. 成长型公司的财务课

公司能迅速成长是好事，这期间，总经理要做好护航工作，在财务上提供资金支持，并妥善解决各种隐患。从财务管理的角度看，要把握好下面四个问题：

(1) 不要穿大鞋，也不要穿小鞋。

大鞋降低效率，浪费资源，小鞋束缚发展。在成长型公司中，建立一个合适的财务管理体系非常重要。

(2) 发展速度与资金筹集。

在成长中，企业家面临的一个很大的诱惑是融资。要发展多快才合适？这个问题的答案往往是和资金筹集紧密联系在一起的。

(3) 扩张与控制。

扩张与控制表现在三个方面：一是扩张中的资金控制，二是扩张中的绩效控制，三是扩张中的公司文化控制。这三方面都与财务管理有关，也是财务管理的一大挑战。

【管理微博】 在公司发展的不同阶段，需要不同的财务管理体系与之配套。在公司迅速成长时期，领导者要避免因为财务问题拖后腿。

17. 利用商业信用借贷

“商业信用”是指商品交易中以延期付款或预收货款进行购销活动而形成的借贷关系，它是公司间接或直接的信用行为。

商业信用产生于商品交换之中，其具体形式主要是应付账款、应付票据、预收账款等。商业信用的筹资优点包括：

(1) 筹资便利。

取得商业信用非常方便，不需做复杂的安排，可随着商品购销而享受信用、归还款项。

(2) 筹资成本低。

如果没有现金折扣或公司不放弃现金折扣，则利用商业信用不发生筹资成本。

(3) 限制条件少。

商业信用比其他筹资方式条件宽松，无须担保或抵押，选择余地大。

【管理微博】 商业信用筹资有一些缺点，比如它的期限较短，如果取得现金折扣则时间更短；如果放弃现金折扣，则需负担很高的筹资成本。

18. 根据资源能力办事

“巧妇难为无米之炊”，资源对公司来说就是“米”，没有资源，公司的投资都只能是竹篮打水一场空。资源能力主要包括5个要素：

（1）技术要素。

技术进步是经济发展的强大推动力。投资者要进行一项投资，必须具有必备的技术，它是投资活动兴旺的根本。

（2）资金要素。

货币资金的投入是现代公司投资营运的起点。每个投资者在投资时都必须考虑：公司的资金从何来?为何要投资？如何投入才能获得最大经济效益?

（3）人力要素。

在公司的五大要素中，人力要素在其中起决定性作用。人是公司的首要资源，其他资源的开发、利用，都离不开人的作用。

（4）原材料要素。

原材料是公司生产加工的对象，是构成公司产品的主要物质要素。降低原材料消耗，减少原材料的浪费，是降低产品成本的重要途径。

（5）信息要素。

投资的基础就是信息，投资者的经验与直觉也是由信息积累产生的。

【管理微博】 有多大本事，吃多少饭。投资者要注重自身的资源能力，一个人太贪，自己恐怕消受不起。“吃”得太多，容易被撑死。

第十三章

领导者就是要喜新厌旧：

今天不创新，明天就落后；

明天不创新，后天就被淘汰

当今的很多大公司能取得今天的成就，得益于它们对创新的领悟和把握。只有整个公司团队确立“创新至上”的经营理念，把创新渗透到骨子里，并在工作中孜孜以求，公司才会进入以创意为支点的商业模式中，通过创造性“破坏”完成自我超越。

1. 你的公司为什么走向衰落

当一个企业做大时，管理者最担心的问题就是如何避免企业走向衰落。其实，衰落是可以避免的，就是要管理者尽早地察觉导致企业衰落的原因和轨迹。

（1）狂妄自大。

当我们变得傲慢自负，认为成功是理所当然的，而忽略了最初成功的真正动因时，衰落就悄然降临了。

（2）盲目扩张。

对任何成功的企业而言，盲目扩张更能准确地解释它们失败的原因。

（3）漠视危机。

领导者对负面的数据总是半信半疑，对于正面数据则夸大其词，把模棱两可的数据都解读成好消息。当公司遭遇挫折的时候，领导者会把责任归咎于外部因素，而不是去承担责任。

【管理微博】 企业不会因为一出现衰落的迹象而马上分崩离析。企业也许犯过错，开始衰落，但只要你及时改正错误，还是可以打造出一个基业常青的企业。

2. 体制弊病是亏损的元凶

企业的成长要面临很多的艰难与险阻，如果患上国企病，存在体制弊病那就更危险了。而公司的体制弊病集中体现在：

（1）组织结构方面：队伍过于庞大、官僚化、层级多，审批流程长而复杂。

(2) 信息沟通方面：陷入会议陷阱，议而不决，决而不行。

(3) 经营决策方面：要么过于“民主”，缺乏感性权威，不注重效率，无人敢拍板、敢负责；要么事无巨细全由领导者一个人说了算。

(4) 工作不分主次，不抓重点，好搞形式主义等也是随处可见。

【管理微博】 体制弊病已经成为企业节约路上的绊脚石，所以领导者要运用自己的能力去逐渐改进这种体制上的不足与方向上的迷失，并把它变为减少执行成本的工具。

3. 初具规模，不可故步自封

企业初具规模，是发展还是维持现状？很多企业到了这一步时往往就显得迷茫，无所适从，这是管理者的思想理念转变的关键时期。其实，这时管理者应该毫不犹豫做到以下三点，千万不能让“故步自封”的思想蒙蔽了眼睛!

(1) 要发展求新，思变图强。

进入新的一轮改革发展中，我们要自觉地把思想认识从那些不合时宜的观念、做法和体制的束缚中解放出来，积极往前开发。

(2) 必须要发扬奋发有为、开拓进取的创业精神。

摒弃安于现状、随遇而安的思想，坚持居安思危，始终保持忧患意识。

(3) 要有多变的攻防策略。

面对变化多端的形势，没有多变的攻防策略，公司就难免会陷入处处掣肘的窘地。

【管理微博】 企业只能是加快发展，而不能故步自封。让企业的每一名员工都迅速行动起来，积极投身于新一轮的改革发展浪潮，为企业率先进入和谐发展的快车道做出应有的贡献!

4. 重视经验，还要打破经验

聪明的商人重视经验，但并不依赖经验，有时候甚至打破经验。而要想打破经验，首先就要了解市场的变化。

(1) 社会发展趋势的变化。

社会环境方面的变化可打破传统习惯，影响人们对穿着款式、业余爱好，以及对产品与服务的需求。

(2) 生产营销活动必须考虑顾客的个性化需要。

许多公司在生产销售的时候只按照自己的想法去制造产品，结果陷入了商品滞销的境地。

(3) 科学技术的发展。

一种新技术的出现和成熟可能会导致一个新兴行业的产生，同时，也可能导致一个行业被代替。为此，企业需要警觉那些将面临的挑战，避免错过时机而被淘汰。

【管理微博】 经商绝对不能过分地依赖经验，而要善于随着市场的变化而变化，甚至掌握先机，在变化之前就灵敏地“嗅”出未来发展的动向，做好准备，这样才能使企业获得别人无法获得的利润。

5. 路走不通，就换个方向

毫无疑问，不管是一个什么样的企业，在发展过程中总会碰到许多走不通的路，在这个时候，身为企业的管理者就应当换个角度考虑问题，重新操作。

(1) 懂得随机应变。

适时改变公司的生产内容和方式，必要的时候要舍得付出大的代价以求创新。

(2) 要有眼光。

一个真正的企业领袖不仅要有经营管理的才能，更需要有一种商业预见能力。在日趋激烈的商业竞争中，如果没有一定的眼光，不能做出比较切合实际的预见，那企业是很难发展下去的。

(3) “掉头”需谨慎。

在市场瞬息万变的今天，企业切忌盲目地赶时髦，轻易地“掉头”。所以，企业应从本身的实际出发，依托当地资源优势，选准项目。

【管理微博】 公司管理者要养成这样的习惯：如果这条路不适合自己，就立即改换方式，重新选择另外一条路子。

6. 变革，首先是思维的改变

变革，首先是思维的改变，这样才能够站得更高，看得更远。

(1) 思维转换的首要因素：放远眼光创新管理。在当今的市场经济环境下，要放远眼光，企业再大也是小，市场再小也是大。

(2) 高级管理者要学会重视差异。管理创新要求领导者有宽广的胸襟，能容忍差异，进一步能重视差异，利用差异。

(3) 创新思维管理要左脑与右脑并用。人的左脑逻辑思维、理论思维较强，右脑形象思维、直觉思维较强。左脑与右脑的运用应相得益彰，相互结合。

【管理微博】 管理在创新中的作用是异常重要的。然而，现实生活中忽视管理创新的企业却比比皆是。运行良好的企业一定是创新管理顺畅的企业，这样的企业当然不需要外人的指点。

7. 改革的关键是“改”人

每一个企业都是由员工组成，一个企业想要改革成功，首先就要培养出企业需要的员工。

那么，企业到底需要什么样的员工呢?

⑴ 具有主人翁精神。

主人翁精神实质是一种责任感。人只要有了主人翁精神，就会做事勤勉、顾全大局。

⑵ 具有诚实守信的精神。

要切实把诚实守信作为一种品质和能力来锤炼，把诚实守信融入到工作的各个方面，使员工忠于自己的职业，信守自己的承诺。

⑶ 具有团结实干的精神。

团结就是围绕中心，服务大局，做到步调一致。能够和有不同意见的同志共同工作，相互配合、形成合力。

【管理微博】 磨刀不误砍柴工，企业要想改革好，关键在于“改”人，因为只有优秀的员工才有较强的执行力。

8. 变粗放管理为精细管理

今后的竞争将是精细的竞争，公司只有在每一个精细上做足工夫，建立“精细优势”，才能真正保证基业常青、持续经营。精细管理具体体现在以下四个方面：

⑴ 精细管理是一种理念。精细化管理就是要求把每一项工作都抓细、

量化，有利于落实到行动中。

(2) 精细管理是一种意识：差之毫厘，谬以千里。通过这种意识的培养，造就善于把握机会的能力。

(3) 精细管理是一种态度：事事认真、时时认真。确保职责清晰，责任落实。

(4) 精细管理是一种能力：洞察秋毫、一叶知秋。通过这其中的细节找到整体的规律。

【管理微博】 精细管理不是挂在嘴边的口号，不是简单的一种行为，而是一个公司、一个组织综合能力的体现。

9. 大胆进入新业务领域

是不是需要开辟新业务？是应该开辟这个新业务呢，还是应该开辟那个新业务呢？如何才能够成功地进入新业务？要想解决这些问题，就必须高度重视以下三个方面的问题：

(1) 下大力气做强主业。

公司经营首先要下大力气做强主业，而后才能真正拥有从事新业务领域的能力和优势。

(2) 有选择地进入少数行业。

对公司业务中不能达到“数一数二”水平的坚决予以分拆出售，这是保持公司竞争优势和良好绩效的明智之举。

(3) 要确保原有业务和新业务之间的资源共享。

进入新的业务领域不仅需要投入大量的资金，更为重要的是需要提供技术、制造、销售渠道和管理能力等方面强有力的支持。

【管理微博】 一个企业进入一个陌生领域，在指定战略时，专业知识并不重要，关键在于摸清基本规律。

10. 主动跨越产业升级的门槛

生意一步步做大，并不是凭空发生的。经营者要主动跨越产业升级的门槛，学会迎接长大的机会。

要想成功完成战略升级，必须搞清楚升级的压力到底来自哪里？为什么要改变？目前，中国公司升级的压力主要来自三个方面：

⑴ 中国在崛起的过程中，市场成本越来越高，竞争越来越激烈，公司必须应对这种挑战，创造高附加值的产品和服务，努力往上游走。

⑵ 中国的消费市场正在慢慢形成，消费者要求越来越高，这就要求公司在经营过程中必须改变以往的策略和理念。

⑶ 国内市场竞争越来越激烈，对管理的要求也越来越高，领导人要提升自身管理水平，应对挑战。

【管理微博】 战略和产业升级是商人内在的一种需要，公司管理者要善于把握公司成长的节奏，在变革来临时要主动求变，才能使生意一步步做大，每天都能有所长进。

11. 要整顿就必须全面整顿

企业的全面整顿，要以端正经营方向、提高服务质量、提高经济效益为中心，着重抓好以下几项工作：

⑴ 整顿经营思想和经营作风，端正经营方向，提高服务质量。

⑵ 建立和完善经营责任制，加强经营管理，提高经济效益。

⑶ 整顿财务管理，健全财务制度，严格财务纪律。

(4) 整顿和加强劳动纪律，严格奖惩制度。

(5) 整顿和建设好管理阶层，加强思想政治工作。

整顿企业的关键是整顿和建设好一个管理阶层。公司管理者应自始至终抓好管理人员的思想整顿，对不团结和不正之风等突出问题，应当在整顿过程中得到解决，以增强战斗力。

【管理微博】 当你的企业总是亏损时，你就要好好地整顿你的企业了，而且这时要整顿就必须全面整顿。

12. 背负沉重的包袱怎么办

公司有时陷入严重的困境之中，或者即使危机不那么严重，但采取小的措施不足以摆脱困境，那么公司就得让没有经营前景的子公司死去，即所谓“舍车保帅”。这样做至少可以获得五个方面的好处：

(1) 改善企业的资产和债务结构，提高企业资信等级。

(2) 获得理论收入，以解燃眉之急。

(3) 迅速盘活资金，加速资金周转。

(4) 改变企业的产业结构，为企业改变投资和生产经营方向提供了有利条件。

(5) 发展和壮大企业适应市场需要的产品生产，使企业优势得到充分发挥。

【管理微博】 当公司陷入困境时，对于亏损的子公司或部门采取“舍车保帅”的策略大有好处，这是把失败变成不败的途径之一。

13. 用创新打破眼前的僵局

开公司绝对是身心与智力的考验，尤其是面对眼前僵局的时候，是最折磨人的，也是最考验人的。没有思路的时候，唯有用创新来开拓新局面。

“一个和尚挑水喝，两个和尚抬水喝，三个和尚没水喝。”如今有三个庙，这三个庙离河边都比较远，怎么解决喝水问题呢？

(1) 机制创新。

三个和尚接力赛每人挑一段路，大家都不累，水很快就挑满了。这是协作的办法，也叫“机制创新”。

(2) 管理创新。

三个和尚谁挑得多奖励谁，谁挑得少惩罚谁，这样一来三个和尚拼命去挑，一会儿水就挑满了。这个办法叫“管理创新”。

(3) 技术创新。

三个和尚把竹子砍下来连在一起，把竹节打空，接通水源，一会儿水就灌满了。这叫“技术创新”。

由三个和尚没水喝，到三个和尚通过不同的办法达到共同的目的。

【管理微博】 当公司陷入僵局时，公司管理者不要局限于固有的思维，应发扬团结协作、良性竞争精神，开拓公司新面貌。

14. 创新不能太讲道理

提升企业生产率的真正动力来自于竞争和创新，而领导公司能取得今天的成就，得益于他们对创新的领悟和把握。

下面是创造事物、达到目标的 8 条语录，对今天的公司创新者很有启发和借鉴意义。

(1) 要有勇气割爱。

(2) 绝不荒疏本职工作。

(3) 目标要定得单纯明确。

(4) 实现承诺比详细研讨重要。

(5) 困难意味着可能，不可能就舍去。

(6) 在做出说明之前先做出东西来。

(7) 把急事拜托给不忙碌的人。

(8) 自信做事情。

【管理微博】 在挑战极限的过程中有时候不能太讲道理，真正的创新不是建立在原有的经验基础上的，要从全新的角度来考虑问题。

15. 创新管理的三个层次

创新来自多个层次：营运创新、产品创新、战略创新。每个层次对企业的成功都能做出贡献。

(1) 营运创新。

在一个超竞争的世界里，卓越的营运能力是十分必要的，但是如果缺乏好的商业模式创新的话，仅有营运创新难以产生有决断力的长久的经营优势。

(2) 产品创新。

一个受顾客青睐的产品会给公司带来狂热的订单，但没有强有力的专利保护，许多产品很快就会淡出市场。

(3) 战略创新。

它常常提出一项新的大胆的商业模式，为公司带来巨额的收入，但这种独到的商业模式容易被解构，也常常受原来管理体系的阻碍。

【管理微博】 排列一下不同层次的创新就会发现，越高层次的创新对价值创造以及竞争地位的维系就越有作用。公司管理者应理解这一点，才能更好地运营公司。

16. 让消费者决定创新方向

亲近消费者，让他们决定创新的方向，或者从中得到创新的灵感，或者听取创新的反馈意见，这样做的好处是把创新建立在了客观、实际的基础上。

（1）找到灵感之源。

消费者的需求，就是企业创新的方向。那种闭门造车的创新之法，是不能在市场竞争中完胜的。

（2）收集创新情报。

创新不是朝夕之功，必须广泛收集信息，进行周密的调查研究，才可以得到有价值的创新思路，这都需要借助于消费者的帮助。

（3）完成创新反馈。

上次创新是否成功，消费者最有发言权。到消费者中间调研，不仅能了解他们的新需求，还能听听他们对上次创新产品的意见，这也是下一步创新的指南。

【管理微博】 在激烈的竞争下，创新产品的生命周期大大缩短，结果导致创新速度加快。这时，公司必须重新构建一个更为高效的创新体制——让消费者决定创新。

17. 创新不是一个部门的事

中国企业不乏管理上的创新。然而，再好的东西如果只是盲目摄取，却不能消化吸收的话，就会在实施过程中出现偏差，达不到预想的效果。所以提高公司系统整合的能力是中国公司目前要做的。

（1）把创新纳入企业运行系统。

企业是一个复杂的系统，对企业来说，应根据自身所处的不同发展阶段和行业特性，谋求适合自身发展的管理方法，创新同样如此。否则，所谓的创新就失去了意义。

（2）让创新的思想深入各个层面。

创新不是一个部门、一个分公司的事情，而是整个企业、整个成长阶段的需要。领导者必须打造企业的系统整合能力，让企业各个细胞活跃起来，连接起来，让创新的思想深入到各个层面，才能取得实效。

【管理微博】 创新是一项系统工程，公司必须进行系统整合能力的修炼，才能打开创新的阀门，进入创新的新天地。

18. 创建“学习型”企业

市场上，每天都有新的企业创立，也有老的企业倒下去。多年以后，有的企业仍然在自己的行业内做得有声有色，这离不开学习。创建“学习型”企业，使他们走在时代前列。

（1）创建“学习型”组织。

当今变革的周期日益缩短，使得商业竞争日趋激烈，经济组织的学习能力成为影响成败的关键点。

（2）比竞争对手学习得更快。

比竞争对手学习得更快、行动更迅速，才能提高公司生命力，延长公司的寿命。

（3）在发展中完成主动变革。

主动变革，也是一种学习，而且是行动上的学习和改进。公司管理者必须适应新形势，寻找合适的人才。

【管理微博】 学习、学习、再学习，是未来商业社会的主题，任何忽略学习的公司都将丧失探索商业和技术新前沿的良机，更不可能获得持续发展的可能。

19. 在二次创业中走向卓越

公司完成原始积累后，必然会追求进一步的发展，也会在经营管理过程中遇到以往从未遇到过的新问题。为此，不少公司领导者提出了“二次创业”的口号，实现新的突破。“二次创业”要注意：

(1) 以小公司的心态经营大企业。

随着公司发展壮大，制度化流程确立，领导人往往失去了以往应有的斗志，患上了大企业病。在二次创业的时候，要还原小公司的心态，才能有所建树。

(2) 在创造性破坏中完成自我超越。

创新是一种创造性破坏。在二次创业的时候，要打破以往神话，重头再来完成自我超越。

(3) “如履薄冰”地面对未来。

一些国际知名公司都不相信已经占有的市场地位，不相信已经积累的资产。他们唯一相信的是，未来之路还会崎岖不平，必须“如临深渊、如履薄冰”地面对未来。

【管理微博】 “长期的成功只是在我们时时心怀恐惧时才可能。不要骄傲地回首让我们取得已往成功的战略，而是要明察什么将会导致我们未来的没落，这样我们才能集中精力于未来的挑战，让我们保持虚心、学习的饥饿及足够的灵活。”世界上的蓝色巨人尚且如此小心翼翼，我们切不可被一点点的成绩就冲昏了头！

第十四章

节约的都是利润：

狠抓节约让公司淡季不淡

进入微利时代，每一个公司都不约而同地把节俭作为员工的一项重要素质。正所谓“节约的都是利润”。谁拥有了成本优势，谁就能在竞争中胜出，就能获得最大的利润。

1. 节约是一种生存能力

许多人谈到商人，往往会认为他们一定在生活中出手阔绰。这其实是一种误解。大多数经营者，都珍惜每一分钱，善于节约每一笔资金。这样做，自然有他们的道理：

(1) 创业资金来自平时积累。做生意要靠自己，创业资金也要靠平时积累，从不起眼的小钱中挤油水。

(2) 节约成本，实现利润最大化。如今很多公司如果不节约成本，便常常会陷入“赚得到钱，但成本过多，入不敷出”的境地。因此，在经商中坚持节约，手头的资金才会越来越多。

(3) 赚小钱是赚大钱的基础。从一点一滴做起是赚大钱的必要步骤。因为在赚小钱的过程中，可增加经验、见识、阅历，培养金钱意识和赚钱能力，同时积累人际关系。

【管理微博】 节约是企业必须掌握的一门技能，如今节约已不仅仅是一种美德，更是一种成功的资本，企业的一种核心竞争力。

2. 越财大气粗的公司越“抠门”

财大气粗的企业之所以能够在所在行业成为翘楚，其中的关键就在于厉行节约。为企业节约每一分钱是企业对员工的基本要求，同时也是员工的责任，原因主要有以下三点：

(1) 对每一名员工来说，企业在给员工带来丰厚收入的同时，对员工在“节约”方面的要求也是非常高的，那些在享受丰厚收入的同时又浪费企业财富的员工必将不能在企业中生存。

⑵ 对于企业来说，节约可以有效地降低企业的成本，提高企业的利润，增强企业应对市场变化的能力。

⑶ 节约不仅对企业有好处，更会惠及员工自身。当员工为公司节约资源，为企业创造价值和效益的时候，企业的效益就会更好，企业就更有能力给予员工相应的回报和鼓励。

【管理微博】 勤俭节约、精打细算为公司铺垫了通往成功的辉煌之路。公司赚得的财富就是对节约与俭朴的奖励。

3. 一手抓增收，一手抓节支

对于公司来说，“开源”就是增收——开辟增加收入的途径；“节流”就是节支——节省不必要的资源消耗与费用支出。

⑴ 公司管理者要有渠道开拓能力，通过各种盈利通道增加公司的收入来源。开辟新的客户，尝试不同的经营方式，增加收入来源。

⑵ 公司管理者要有成本意识，懂得节约的重要性。世界上的国际大公司都认识到了节约的重要性和成本意识。

⑶ “开源节流”必须从点滴做起，孜孜以求地削减营运成本，减少办公用品的浪费，巧妙降低差旅费，“抠门”出效益。

【管理微博】 对公司来说，不仅要创造经济效益，还要善于节约，控制好成本，因为节约的都是利润。善于开源节流，才能大力提高公司经济效益，增强公司的盈利能力。

4. 不疏小利，积少成多

“蝇头小利”比喻微薄的利润，有经验的领导者既图厚利，也绝不会轻蔑小利。他们深知“泰山不却微尘，积小垒成高大”的道理。

日常管理中，企业厉行节约务必要深入到细节中，不放过任何可以节约的蛛丝马迹，做到“斤斤计较”，那么在危机来临之时，企业本身就已经成为了一座可以避风的港湾。

(1) 在大的方面，企业领导者一定要亲力亲为，统筹兼顾。

(2) 在小的方面，以支出的实际数据为依据，制定合乎实际的节约目标。

(3) 树立“斤斤计较”的节约管理理念，在细节上“小来小去”，降低成本。

【管理微博】 赚小钱是赚大钱的基础，很多大公司都是从一点一滴做起，都是从小生意赚到小钱才成为大公司的。所以，要想赚大钱，还是要脚踏实地，从一点一滴做起，由小及大。

5. 节约首先要杜绝浪费

柯达首席行政长官白嘉理说过：“企业内部存在着许多浪费，它们耗费了资源但却没有产生价值。不消除这些浪费，就谈不上节约，也无法增加利润。”

企业内部资源浪费过高，无疑加大了经营成本。为了从根本上赢得利润，需要采取以下措施：

(1) 把市场作为企业经营成本的风向标。

(2) 优化生产制造工序，杜绝浪费。

(3) 对各公司下达成本目标，查找浪费。

(4) 设立严格的奖惩制度，消灭浪费。

【管理微博】 王永庆说得好："节省一元钱，等于多赚一元钱。这个世界上的每一件事情，即使是看似不可能发生的事情，也有发生的可能。"其实，只要你转变一下思维，换个角度看问题，你就能发现，很多看似不能省钱的地方也能省下一大笔钱来。

6. 公司处处都有"挖潜"的地方

上海均瑶集团董事长王均瑶说："从细节做起，把成本管理渗透到企业的各个环节，加强广大员工的成本管理意识，这样的企业才有希望取得可观的经济效益。"由此也说明一个公司要想实现节约就要从员工抓起，实现"处处挖潜"。

对于企业中微不足道的细枝末节，每一名员工绝不能够将其草草一笔带过！蝇头小利，不能因利小而不为！点点滴滴，从小做起，积少成多。在具体的表现上，员工应该并且能够做到一些微小的事情，下面举几个例子：

(1) 不浪费工作时间。

(2) 将自己最重要的工作集中于黄金时间来完成。

(3) 在不影响质量的前提下，尽量减少工作次数。

【管理微博】 "泰山不让土壤，故能成其大；河海不择细流，故能就其深。"企业的发展壮大和节约每一分钱的关系正是如此，而每一分钱正是来自细小的微末之处，从微末之处挖出利润。

7. 把节约变成一种习惯

戴尔电脑营销广告："戴尔的服务器质量绝对上乘，价格绝对合算，原因在于我们公司有为客户省钱的习惯。"

让公司上下养成勤俭的习惯，最重要的是在日常工作中培养员工主动节约的精神。为此，公司管理者要做好下面几点：

⑴ 养成随手关灯、关水的习惯。

⑵ 尽量减少操作失误，减少无效工作和废次品率。

⑶ 经常评估、考核员工的工作效率。

⑷ 发动员工提出改进作业、革新产品的合理化建议，并对优秀方案给予奖励。

【管理微博】 在商业竞争日益激烈的今天，节约已经成为公司的一种核心竞争力。能够厉行节约的公司，才会在市场中游刃有余；能够为公司节约的员工，才会在职场中脱颖而出。

8. 千方百计提高工作效率

员工做事应付不但影响企业整体的运营效率，更严重的是会引发巨大的不易为人察觉的浪费。这种浪费和无效消耗的最直接结果，就是企业的高成本运营，甚至还会引发重大灾难。

为了提高员工的工作效率，在为公司节俭大量财富的同时，也使得员工的综合素质不断提高，这就要求员工：

(1) 分清主次，有计划地做事。

(2) 正确处理突如其来的杂事。

(3) 用合并同类项的方法做事。

(4) 充分利用时间，使每一分钟都有所收益，还要学会与浪费时间的人划清界限。

【管理微博】 英国政治家狄斯雷利：“没有效率就没有经济。”做事拖拉带来的低效率是一种隐性的浪费，虽然它造成的浪费是我们看不见的，但它给企业造成的无形损失却是惊人的。

9. 最好的方法是一次做对

海尔总裁张瑞敏说：“保证质量的最好方法是，一次就做对。” 而事实上海尔集团也用行动证明了一次做对是可能的，也正是因为一次做对的理念成就了今天的海尔。

为做到这些，领导者可以制定以下策略：

(1) 公司上下要进行全体节俭总动员，上至经理下至普通员工，都要尝试并努力达到一次做对的工作方式。

(2) 要尝试改变员工以往的心智模式，塑造自己“一次做对”的精神面貌。

(3) 要培养员工主动把握自己的方向，凭真本事和业绩发展自己。

【管理微博】 一次做对不仅仅是一种理念的创新，更是一种实践上的节俭的捷径。让“一次做对”的理念深入企业员工的心中，尽最大的努力减少开始环节的疏漏，可以最大限度地节省资源，降低成本，提高企业的竞争力。

10. 采购是公司节约的源头

著名管理学家彼得·德鲁克说过："用采购来赚钱，是一个成功的好方法。"要想让公司赢得低成本优势，就要从源头抓起，从采购就开始精打细算，一步一个脚印地创造同行业中不可思议的低成本竞争力。

因此，公司管理者学一些采购中的技巧与方法是非常必要的：

(1) 积极地谈判：员工如果在谈判过程中积极主动，通常能使企业的采购价格降低的幅度约为3%~5%。

(2) 杠杆采购：各个部门的采购人员要进行充分的沟通，尽可能地协作采购，集中扩大采购量，而增加议价空间的方式。

(3) 价格与成本分析：每一个采购者都应该掌握这一基本工具，了解所买的物品是否为公平合理的价格，尽量避免失去许多降低采购成本的机会。

【管理微博】 当今，成本优势已经成为公司的核心竞争优势。采购是企业节俭的源头，要想让企业赢得低成本优势，那就要从源头抓起。

11. 设计错误导致不良浪费

在激烈的市场竞争中，如果一个企业的产品设计失误，不能满足消费者的需要，就会在生产和销售中耗费大量的物料和劳动力。那么，在产品设计之时要注意哪些方面呢？

(1) 好的产品设计必须以满足社会需要为前提。

从市场和顾客的需要出发，解决顾客所关心的各种问题。

（2）注意产品设计的细节。

以便设计出造价低而又具有独特功能的产品，好的设计是赢得顾客的关键。

（3）产品设计要敢于大胆创新。

在这个以新求胜、以新求发展的时代，产品设计创新力的高低，很大程度上决定着公司创新力和竞争力的高低。

【管理微博】 企业的产品是否具有较强的竞争能力，在市场上是否具有真正优势，决定着企业的兴衰成败。所以每一个企业都要重视产品设计，将产品设计的要求落到实处。

12. 精益求精，让工作“零缺陷”

在零缺陷管理中，不是说绝对没有缺点，或缺点绝对要等于零，而是指要“以缺点等于零为最终目标，每个人都要在自己的工作职责范围内努力做到无缺点”。进而实现最大程度的节俭，为企业尽可能地赢得利润的空间。

要想做到“零缺陷”，可以从以下方面入手：

（1）建立推行零缺陷管理的组织。

（2）确定零缺陷管理的目标。

（3）进行绩效评价。

（4）建立相应的提案制度。

（5）建立表彰制度。

【管理微博】 “零缺陷”管理所强调的是正确的事情第一次做对、每次做对，要求每一名员工都参与进来，改变以往的思维模式，进而改变自己的行为习惯，达到改进质量的目的。

13. 减少内耗带来的资源浪费

“内耗”通俗地说就是缺乏团队精神，各个部门不能密切配合、高效运作。对于一个集体、一个公司，甚至一个国家，团队精神都是非常重要的。

避免公司“内耗”更有效的手段就是团队精神。员工个人的工作能力和团队精神对企业而言是同等重要的，如果说个人工作能力是推动公司发展的纵向动力，团队精神则是横向动力，它主要具有以下几点重要性：

(1) 忠诚是团队精神的基础和前提。

(2) 有团队精神的成员之间行为相互依存，相互影响，并且能很好地合作。

(3) 团队精神是培养公司凝聚力的旗帜。

【管理微博】 团队精神是公司员工的灵魂。一个团队没有共同的价值观，就不会有统一意志、统一行动，就不会有战斗力；一个公司没有灵魂，就不会具有生命的活力。

14. 发挥办公用品的最大价值

对公司有责任感的员工会尽最大努力完成自己的每一项工作，把浪费降低到最低限度，小心地使用设备和服务设施，高效率地利用好自己的时间。

在公司里，树立节约意识、节约观念，创造尽可能大的经济效益，对于每名员工来说，做到一些围绕在身边的、简单易行的、微乎其微的小事。就是发挥办公用品的最大价值，比如：

(1) 对于公司纸张的利用，要提高利用率，双面使用，高效打印和复印，回收利用。

(2) 正确使用电脑，以及其相关零件，注意电脑的清洁和保养。

(3) 合理使用空调，温度选择适宜，采用省电模式，等等。

【管理微博】 一个成功的领导者只有从小事入手降低成本，培养员工的节约意识，才能积小利为大利，实现企业利润的增长，实现员工收入的提高。

15. 节约能为公司“御寒”

在遍地哀叹危机来了的时候，因能源消耗而节约下来的“意外之财”使公司获得了一套过冬的棉衣，保存了“热量”，延续了公司的生命。

那么公司如何做好节能呢？领导者们不妨从以下方面来考虑：

(1) 身为公司的管理者要亲力亲为，结合公司自身的资源制定切实可行的战略规划，包括质量方针、环境方针管理手册、经营目标等重大事项。

(2) 让所有员工了解公司的远景，实施好人员流程、运营流程。

(3) 成本管理是公司管理的核心，是企业生存和发展的基础。

【管理微博】 节能不是只有在冬天寒气逼人时才现做御寒棉衣，无论在企业起步的春天、稳步发展的夏天，还是快速飞跃的秋天以及危机四伏的冬天，它都能转化成企业的动力资源，为企业增添不可替代的活力。

16. 没有必要的会坚决不开

会议完全可以提高企业的效率，但如果会议的目的没有达到，那么这种效率就将大打折扣。领导者必须明白，有的会可以不开，但要开就要把会开好。这有几点关于开会的建议值得借鉴。

(1) 组织会议，就要投入一定的经费。领导者对企业的会议成本，要精打细算。

(2) 不要轻易延长会议时间，提倡开短会、讲短话，注重会议实际效果。

(3) 邀请和安排与会议无关的人参加会议，是一种人力资源的浪费，没有实际意义。

【管理微博】 领导者对企业的会议成本，不可以等闲视之，而必须精打细算，没有必要的会完全可以不开，对于必须开的会也要尽最大努力节省会议成本。

17. 在合法避税上找回一些利润

善于“合理避税”是犹太人的护钱之道。他们在充分了解现行税法的基础上，不触犯税法的前提下，在经营活动中做出巧妙的安排，达到规避或减轻税负目的的活动。通常有以下几种方法：

(1) 利用纳税人身份达到合法避税。除特殊委托加工和进口货物的纳税人均为一般纳税人。

(2) 公司存货计价避税：利用公司内部具体的核算方法和存货的市场价格变动，采用高转成本、低转利润的办法。

(3) 折旧：采用税法允许而对公司有利的折旧方法。

(4) 筹资租赁法：以支付租金的方法降低公司利润和税基。

(5) 挂靠避税：例如在科研、福利、教育、老少边穷地区，国家给予相应的税收优惠政策。

【管理微博】 既依法纳税，也要合法避税，尽量安全、合法地“自我减负”，已经成为管理者的共识。

第十五章

消灭库存没你想的那么难：速度快的人赚钱，速度慢的人卖库存

库存是杀手，80%公司的亏损是因为库存管理不善。因此公司管理者要组织有关人员确定安全库存，采用先进的库存管理模式，帮助公司适时调整库存，减少库存积压带来的损耗，以达到充分利用资金、增加商业机会的目的。

1. 库存简约，成本简单

如今原材料价格倒挂、库存率居高不下、劳动力成本上升，国内外市场持续疲软。库存和成本这两座大山，成为公司越来越重的负担。因此，去库存之重、减成本之轻已经成为公司管理者要解决的两大问题。具体可以这么做：

(1) 通过促销对库存进行处理。做促销和有创意的销售活动可以带动终端销售。

(2) 通过代理商针对全国库存较大的经销商进行一定量的回购，巧妙地低调处理库存。

(3) 对经销商进行细化管理，对库存进行实时监控。

(4) 成立成本控制小组，从市场上寻找更多的供应商资源，降低采购成本。

(5) 成立专门的“物控小组”，对公司所投产产品做成本控制体系。

【管理微博】 在经济不景气的情况下，公司管理者要迎难而上，采用先进的库存管理模式，帮助公司适时调整库存，降低成本，使公司渡过危机，开拓新的局面。

2. 十大常见库存管理误区

通过管理实现库存优化最终能够改善客户体验、增加销售、降低成本并最终提高盈利能力，因此值得企业为之付出。而如何避开库存管理误区自然极为重要。

这里整理出了四大最常见误区，以便让企业能更容易进行错误诊断，从而着手降低库存相关成本，并减少这些问题对公司造成的损害。

(1) 绩效考核面过窄。

(2) 让资质不足的员工管理库存。

(3) 预测管理缺乏规范的流程。

(4) 不在内部进行沟通。

【管理微博】 库存积压问题是许多公司面临的重要问题。领导者要对其高度重视，防止库存积压把公司拖垮。

3. 处理库存“快、准、狠”

通常公司越做越大，仓库也越建越大，销售额翻了几番，账面上的流动资金却没见增长多少，几年辛苦的积累都跑到仓库去了，这是很多公司普遍的现象。现在，很多公司都不约而同受库存所累，一般情况下公司是如何处理库存降低风险的呢？

处理库存要讲“快、准、狠”三字决，要知道，回收回来的资金才是利润。目前企业处理库存主要的方法有：

(1) 在大商场设立特卖场或设立特价品专卖架。

(2) 作为促销赠品发放给客户经销商。

(3) 换商标改成其他品牌出售。

(4) 转换流通渠道。

(5) 外销销往不发达国家。

【管理微博】 对于大部分公司来说，不解决库存有所损失，解决可能还能损失得少一点，起码还能收回一部分资金。所以可以用减少库存的办法来解决资金压力。

4. 生产不忽视政策的影响

法国巴黎友和有限公司的创办人潘洪江说：“做生意，要随着形势的变化而变化。做小生意，在于勤；做大生意，要看政治、观局势。”意思很简单，控制生产和库存不能忽视政策的影响。

有的企业产品大量积压，其重要原因就在于管理者忽视了产业政策的变化对企业生产的影响，造成了产品滞销，这种亏吃得很冤枉。因此，国家宏观政策对公司经营活动的影响还是很明显的。

这要求领导者认真研究国家宏观经济政策趋势、跟踪相关产业政策走势，制订科学的生产计划，把库存控制在一定规模。

【管理微博】 战略管理理论指出，公司在了解自身的内部实力的同时，还要对各种外部的政策环境进行分析，从而制定适当的发展战略，指导公司生产，避免库存积压。

5. 按需生产，防止新的积压

在市场经济中，公司的生产是根据市场变化决定的，根据市场中产品的销售状况，可以知道整个行业的供给能力。尤其是在上一年度有大量库存的情况下，公司一定要按需生产，以防止新的积压。

对领导者来说，做好按需生产，应该抓好市场，并提升自己的生产能力。

(1) 找到自己的客户群。

市场竞争加剧导致订单锐减。客户要求高意味着能满足客户需求的生产者少。所以，企业必须细分市场，找到自己的客户群，实现按需生产的目标。

(2) 企业要有高水平的研发能力。

公司有技术支撑与保障，“高级定制”这种按需生产才唾手可得。

【管理微博】 市场竞争激烈，这要求企业生产适销对路的产品；节能环保，需要企业最大程度降低生产成本。这一切，都构成了“按需生产”的大背景。

6. 打开销路必须多动脑筋

许多人在日常生活中的行动都遵循一定的思维定式，即过去的思维影响当前的思维。在企业经营中，思维定式会令企业陷入亏损的困境，因此要想打开销路，就必须多动脑筋。

日本东芝电器公司曾一度积压了大量的电扇卖不出去，公司用了不少办法，却依然不见成效。一天，一个小职员提出把电扇由黑色改成浅色的建议。在当时，全世界的电扇都是黑色的。经过慎重研究后，公司最终采纳了这个建议。第二年夏天东芝公司推出的浅蓝色电扇，掀起了一阵抢购热潮，解决了电扇积压的难题。

东芝公司这位小职员的可贵之处就在于他突破了“电扇只能漆成黑色”这一思维定式的束缚，从而打开了销路，弥补了积压给公司带来的损失。

【管理微博】 思维定式会给人们的创新带来很大的阻力，尤其在企业的经营中，死板的思维甚至会使企业走向衰亡，因此为了打开销路，领导者必须带领团队开动脑筋，发散思维。

7. 经销商为何大量退货

目前很多厂家对经销商退货缺乏很好的应对方法，退换货行为越来越成为厂家的负担。这严重误导了厂商的生产决策，造成了库存积压和亏损。

为了更好地预防退货，合理处理退货，领导者应首先了解经销商退货的原因：

(1) 经销商低水平操作。

经销商不直接面对消费者，货物直接给下级二批商和零售店，这些二批商和零售商在旺季后，把货退给了经销商，那经销商只好又得想办法退给厂家。

(2) 厂家业务人员的问题。

很多厂家是以销量论英雄，导致业务员想方设法给经销商压货。若是经销商的压货量过大时，业务人员还会想方设法向厂家总部申请各类市场支持和促销费用。

【管理微博】 只有当领导者弄清了经销商大量退货的原因，才能为应对经销商的退货、防止库存积压和损失做好准备。

8. 两种控制库存的方法

谈到控制库存，有人认为，解决库存问题其实如同瘦身，必须持之以恒，并且彻底改变对业务的思维方式。从运作方式来看，库存的控制管理方法主要有两种：

（1）推动式方法。

生产计划是根据对需求的预测和物料的可得性来安排的。一旦计划形成后，每个工序就会推动部件到下一个生产程序。但它必须要预计到客户的需求和估测交货的时间。错误的猜测会导致大批量的存货。

（2）拉动式方法。

生产根据客户的实际需要来安排。每个工序只生产下个工序需要的东西，将库存尽可能降到最低。

【管理微博】 这两种方法的基本思想可概括为“在需要的时候，按需要的量生产所需的产品”，也就是通过生产的计划和控制及库存的管理，追求一种无库存或库存达到最小的生产系统。

9. 如何处理节后高库存

节后的高库存一定要进行“清理”，一味等待卖场方面来“处理”库存，很可能让自己年后的销售陷入被动的境地。如何面对这个恼人的问题呢？具体来说，供应商应从以下几方面入手：

（1）节前的订单控制。控制了进货，就是为节后的库存处理打个好基础。

（2）销售监督与及时推动。应对春节期间的卖场销售及时跟进，并及时针对期间出现的问题，采取相应对策。

（3）积极面对库存问题。针对节后的卖场库存积压，供应商应主动拿出针对这批库存的处理意见。

（4）进行“退货”准备。对于这批高库存商品，自己时刻都要做好“退货”准备。退货是解决库存最快最简单的方法。

【管理微博】 公司管理者解决节后高库存的最好办法是节前想尽一切办法让大卖场多下订单，节后妥善地帮助卖场解决这批库存。

10. 选对代理商是关键

好客户是企业的利润之源，而信誉差、价值低的客户，会使公司库存积压，不断失血，走向衰败。为了给企业树立正确的客户观，领导者需把握以下两点：

（1）学会正确管理。

许多生产企业库存积压严重，大多是在代理商的管理上出了问题。通常错误的管理理念包括：容忍所谓大客户的应付款一拖再拖；发生纠纷一味迁就，怕得罪并失去代理商。

（2）把不适宜的代理商果断地清理出去。

果断清理掉退货严重的客户，取消拥有差客户比例高的业务员的客户开发权利。同时不断改善普通客户，使产品与客户的质量同步提高。

【管理微博】 对企业来说，如果代理商选不好，就会造成公司坏账、应收款剧增，库存增加。代理商选择公司，公司更应该选好代理商。

11. 克服“牛鞭效应”

在供应链中有个很著名的“牛鞭效应”，即零售商和批发商的订货量大于实际的需求量。这对供应链中下游的公司影响很大，他们往往不能及时反应，产生大量多余库存。因此领导者要克服“牛鞭效应”，规避风险。领导者可以从如下三个方面进行综合治理。

⑴ 根据一定标准对销售商实行分类，分级管理，如：一般销售商的订货实行满足管理，重要销售商实行充分管理，关键销售商实行完美管理，适

时剔除不合格销售商。

(2) 获得其下游公司的真实需求信息，这样，上下游公司都可以根据相同的原始资料来制订供需计划。

(3) 面临供应不足时，根据顾客以前的销售记录进行限额供应，防止销售商为获得更多的供应而夸大订购量。

【管理微博】 “牛鞭效应”直接加重了公司的供应和库存风险，扰乱公司的计划安排与营销管理秩序，克服“牛鞭效应”难题是公司正常的营销管理和良好的顾客服务的必要前提。

12. 什么是“零库存”

企业为满足客户的订货需求，常持有一定的库存，而过多的库存会增加成本。所以，为了减少库存，出现了各种库存控制方式，在尽可能低的库存水平下满足生产和客户的需要。“零库存”就是企业追求的理想状态。

“零库存”是指库存对象的数量趋于或等于零，库存设施、设备的数量及库存劳动消耗同时趋于或等于零。

任何时候产品以存货的形式保留，都意味着资源没有产生现金流，而如果要使现金流最大，最理想的就是“零库存”。所以“零库存”的关键不在于是否拥有库存，而在于产品是存储还是周转的状态。

【管理微博】 如果企业能够在不同环节实现“零库存”的话，就可以规避市场的变化及产品的更新换代而产生的降价、滞销的风险。

13.“零库存”管理方式有哪些

“零库存”对企业的益处是显而易见的，因此领导者为避免库存风险和损失，应努力改善库存管理方法，打造企业“零库存”的理想模式。“零库存”的管理方式主要有三种：

(1) 委托保管方式。

将库存物资交给专业物流公司管理，并支付代管费用。

(2) 推行配套生产和分包销售的经营制度。

主要使用于制造业。企业与上游供应商之间构筑起稳定的协作、配套生产关系，形成稳定的供货渠道关系，进而减少物资库存总量。

(3) 水龙头方式。

用户按需求购入的方式，供货者以库存和有效的供应系统，通过多种方式配送，保证及时供应，使用户实现“零库存”。

【管理微博】 “零库存”可以使企业更好地避免库存积压造成的损失，所以为实现企业“零库存”的良好状态，企业领导者要结合自身情况选择恰当的管理方式。

14. 成本领先：“零库存”的最大优势

从现代物流观点出发，存货是浪费，是企业的负债。因此“零库存”管理可以大大降低企业成本和损耗，打造企业的成本优势。而“零库存”之所以可以节约成本在于它以下几个特点：

(1) “零库存”管理要求对整个供应链系统的存货进行控制。

(2) 强调对质量和生产时机的管理。

(3) 采购批量为小批量、送货频率高。

(4) 供应商选择长期合作，单源供应。

公司领导者还必须明白，“零库存”只是手段，而不是目标。“零库存”是要降低成本，是希望企业能低成本运营，而不能一味地追求速度忽略了工作质量，从而造成巨大的隐性浪费。

【管理微博】 领导者应该加强对“零库存”管理的重视，以做到在生产、储存、销售等方面落实节约成本，帮助企业取得低成本的竞争优势。

15.“零库存”管理的五大关键

根据现代经济环境和企业的特点，领导者要想实现“零库存”管理就需要把握以下五个关键点：

(1) 制定严格采购标准，严把质量关。注意采购标准的检验和更新，避免过多的损货产生库存。

(2) 构建电子商务平台，保障采购顺畅。使供应商与生产商在更大的范围内共享信息资源，降低采购的风险。

(3) 完善配送系统，实现信息共享，增加透明度。使供应商和生产者及时了解库存状况，避免不必要的生产。

(4) 减少内部前置时间，紧密响应需求形式。

(5) 加强验收力度，验收人员严格把关、高效运作，避免积压物资。

【管理微博】 企业实现“零库存”需要在供应、生产、销售等活动中紧密配合，领导者在进行“零库存”管理时，把握关键点，从而降低库存成本，争取最大的收益。

16. 在思想上重视物流管理

企业要想避免库存积压，实现快速发展，就必须重新思考和确定企业生产与物流之间的关系，积极引入现代物流新思想和新观念。

要做到思想上对物流管理的重视，主要从以下几方面入手：

（1）树立现代物流管理思想。

把物流运作管理作为企业参与市场竞争、形成经营优势的战略内容进行研究和决策。

（2）形成供应链管理思想。

把物流运作建成一个以满足经营需要为目标的供应链体系。

（3）建立绿色物流观念。

积极采用现代科学技术，推动企业物流的可持续发展。

（4）树立第三方物流观念。

优化配置方式，不断提高物流效益。公司需要通过专业化物流设计，形成物流系统合理化，降低物流运作与管理成本，减少物流资源浪费。

【管理微博】 现代企业之间的竞争不仅在技术、人才上展开，同时也在物流和供应链方面展开。只有重视和加强物流管理工作，降低物流成本，才会形成和扩大公司的盈利空间。

17. 实现“零库存”的必要条件

如何降低库存成本、提高库存周转效率，一直是企业领导者格外关心、却不容易实现的难题。要真正实现“零库存”，需要以下几个必要条件：

(1) 整条供应链上下游协同配合，仅靠某个企业是绝对不可能的。

(2) 供应链上下游企业的信息化水平相当，并且足够高，这样才能顺其自然地实现供应链伙伴间的“零库存”。

(3) 要有强大的物流系统作支撑。

但是，公司领导者不能盲目追求形式上的“零库存”，否则只会使强势环节欺压弱势环节，最终破坏整个供应链的平衡。

【管理微博】 要想实现真正的“零库存”就必须知道它实现的必要条件，摒弃片面的思想，才能有效减少库存积压造成的企业损失。

18.“零库存”的实施要点

在公司的实际运作中，实施“零库存”必须把握好如下几个环节：

(1) 采购阶段。

“零库存”对供货时间和质量要求极高，对于供应商的信誉、位置、送货时间、运输方式的选择至关重要。

(2) 生产阶段。

生产部门制订集中、详细的生产计划，严格按照计划操作，做到在生产过程的每一阶段或工序，在制品的移动能符合时间和数量要求，不出现闲置的零部件，从而减少库存数量。

(3) 销售阶段。

充分考虑产品类型、市场特点、销售模式等因素。销售预测越精确，越多的需要及时交货的非顾客化产品，就越容易实现“零库存”。

【管理微博】 “市场是产品的最后归宿”，仓库不过是产品的休息室，只有产品投向市场的快捷反应，才会顺利跨越生产至销售的惊人一跳，达到“零库存”的目标。